Juliana Sissons

MALHARIA

s.f. confecção de
tecidos em malha

Tradução técnica:

Bruna Pacheco
Graduada em Tecnologia em Confecção Têxtil pela UPF
Especialista em Design de Moda com ênfase em marketing pela ESPM-RS
Professora do Curso de Moda da Feevale

2012

Obra originalmente publicada sob o título
Basics Fashion Design: Knitwear
ISBN 978-2-940411-16-0

Copyright © AVA Publishing SA 2010
All rights reserved.

Design by Sifer Design

Production by AVA Book Production Pte. Ltd., Singapore
Tel: +65 6334 8173
Fax: +65 6259 9830
Email: production@avabooks.com.sg

Capa: *Rogério Grilho*, arte sobre capa original

Preparação de originais: *Bianca Basile Parracho*

Gerente editorial – CESA: *Arysinha Jacques Affonso*

Editora responsável por esta obra: *Mariana Belloli Cunha*

Editoração eletrônica: *Techbooks*

S622m	Sissons, Juliana.
	    Malharia / Juliana Sissons ; tradução: Bruna Pacheco. – Porto Alegre : Bookman, 2012.
	    184 p. : il. color. ; 23 cm. – (Fundamentos de Design de Moda, 6)
	
	    ISBN 978-85-7780-979-0
	
	    1. Indústria têxtil. 2. Tecidos. I. Título.
	
	                                                      CDU 677.74

Catalogação na publicação: Ana Paula M. Magnus – CRB 10/2052

Reservados todos os direitos de publicação, em língua portuguesa, à
BOOKMAN EDITORA LTDA., divisão do GRUPO A EDUCAÇÃO S.A.
Av. Jerônimo de Ornelas, 670 – Santana
90040-340 – Porto Alegre – RS
Fone: (51) 3027-7000   Fax: (51) 3027-7070

É proibida a duplicação ou reprodução deste volume, no todo ou em parte, sob quaisquer formas ou por quaisquer meios (eletrônico, mecânico, gravação, fotocópia, distribuição na Web e outros), sem permissão expressa da Editora.

Unidade São Paulo
Av. Embaixador Macedo Soares, 10.735 – Pavilhão 5 – Cond. Espace Center
Vila Anastácio – 05095-035 – São Paulo – SP
Fone: (11) 3665-1100   Fax: (11) 3667-1333

SAC 0800 703-3444 – www.grupoa.com.br

IMPRESSO EM CINGAPURA
PRINTED IN SINGAPORE

1 Peça de malha de Johan Ku, da coleção *Emotional Sculpture*.

Sumário

Introdução 6

Visão geral 8	**Desenvolvimento criativo** 38	**Construindo com padronagem e textura** 64
Reinventando a malharia tradicional 10	O briefing 40	Amostra de tensão 66
Fios e fibras 16	Pesquisa 42	Técnicas básicas 70
Construção da malha 26	Desenvolvimento do design 46	Renda 76
Avanços no design e na tecnologia 36	Cor 50	Textura da superfície 80
	Forma escultural 54	Malhas padronadas 92
	Apresentação e avaliação 60	

04 / 05

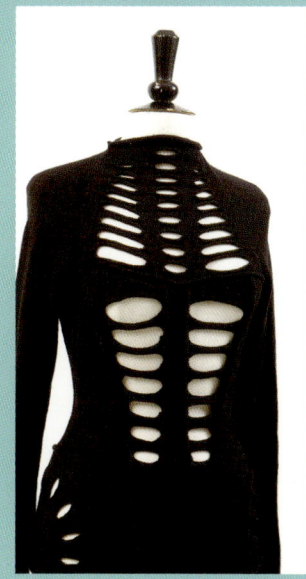

Construindo por meio da forma	100
Malha parcial: efeitos tridimensionais	102
Criando formas rodadas	106
Aumentando e diminuindo	110
Modelando	114
Criando padronagens para malha	120

Detalhes e guarnições	130
Golas	132
Bainhas e bordas	136
Casas de botão e fixações	140
Técnicas de acabamento à mão	144
Ornamentação	148
Na indústria	154

Conclusão	160
Glossário	162
Recursos úteis	166
Lojas e fornecedores	170
Bibliografia	172
Índice	174
Agradecimentos e créditos das imagens	176
Trabalhando com ética	177

Conteúdos

Introdução

> *"Reintroduzi a ideia de malharia fina na moda. Não há nada mais sexy que um twin-set."*
>
> Vivienne Westwood

1 Design em malha de Alexander McQueen, Outono/Inverno 2009.

A indústria de malharia com máquinas data do início do século XVI, mas não poderia estar mais viva e interessante do que hoje. A malharia oferece infinitos resultados criativos, possibilitando uma abordagem independente e experimental ao design. Os avanços recentes na tecnologia e na fabricação, em conjunto com tratamentos e tecnologias de fiação contemporâneos, fizeram renascer a indústria e, hoje, a malharia pode ser encontrada em todos os níveis do mercado de moda, da produção industrial em massa de meias, roupas íntimas e esportivas ao uso de suas qualidades esculturais em alta-moda e acessórios, como bolsas, sapatos e joias. A técnica também oferece uma gama incrível de possibilidades para a arte, o design de interiores e a arquitetura.

Fundamentos de Design de Moda: Malharia começa com uma breve história da malharia e do design de malha e com uma introdução a fios, fibras, máquinário e ferramentas. Em seguida, aborda as etapas essenciais do desenvolvimento do design criativo por meio de uma série de projetos de inspiração e habilidades práticas: como tecer uma amostra de tensão; técnicas básicas em máquinas domésticas; e como criar padronagens em malha. Também analisa as diferenças entre o design bi e tridimensional, explorando as texturas e qualidades esculturais da malha. No último capítulo, analisa os detalhes e acabamentos, do embelezamento à fixações. Além disso, *Fundamentos de Design de Moda: Malharia* é ricamente ilustrado com o melhor do design contemporâneo de malharia. Espero que ele forneça competências, conhecimento e Inspiração fundamontais para você projetar e criar suas próprias malhas inovadoras.

Visão geral

"É libertador poder fazer seu próprio tecido durante o trabalho. Para mim é o desafio absoluto."

Sandra Backlund

1   Blooms, de Laura Wooding. Laura recriou o volume e a maciez de um denso desabrochar de flores usando macramé e técnicas domésticas de malharia com fios de lã.

Para ter um novo olhar sobre a malha e sobre ideias normalmente tidas como já bem estabelecidas, devemos primeiro compreender historicamente como essas técnicas surgiram e refletir sobre os designs clássicos e atemporais, tomando-os como pontos de partida criativos e significativos para futuros desenvolvimentos de projeto. As técnicas e padronagens da malharia manual há muito tempo vêm sendo passadas de geração em geração, permitindo uma maior compreensão e o reconhecimento da malharia como tradição intelectual e artística. Um número cada vez maior de designers se forma todos os anos nos cursos de moda e têxteis e, comparando seus designs com o trabalho dos primeiros tecelões, a história começa a emergir.

Este capítulo apresenta uma introdução à malharia e ao design de malha, comparando as técnicas tradicionais de confecção de malhas às suas reinvenções modernas. Ele examina as características e os comportamentos de diferentes fios e fibras, do tradicional ao contemporâneo – como fios metálicos, aço e plástico – e oferece uma visão geral das máquinas de malharia, das ferramentas e dos diferentes aspectos do trabalho que pode ser produzido. Por fim, analisa a maneira como os avanços no design e na tecnologia estão reinventando radicalmente esse ofício tradicional.

Visão geral

Reinventando a malharia tradicional

Os avanços na tecnologia possibilitam novas formas de criação em malharia e têxteis de malha, mas muitos estudantes e designers estão se voltando para as técnicas tradicionais para se inspirarem e para msclá-las a ideias contemporâneas. Designers estão explorando as qualidades únicas que a malha tem a oferecer, derrubando fronteiras com fios e materiais incomuns e brincando com a escala. Há uma interação natural entre arte, design e novas tecnologias. Vamos examinar algumas dessas malhas tradicionais – ganseys, tranças Aran, Fair Isle e renda – e explorar suas reinvenções modernas.

Um breve histórico

A lã nos protege desde os primórdios da humanidade, e há indícios de que as pessoas já teciam, usando apenas os dedos, em 1000 a.C. Técnicas usando o tear de pregos circular, similar à bobina francesa, provavelmente também eram praticadas ao lado da tecelagem à mão com pregos.

São várias as pinturas europeias que retratam a Virgem Maria tecendo, evidência de que a tecelagem já era praticada no século XIV. A figura ao lado reproduz a Madonna de Mestre Bertram, vista tecendo a roupa de Cristo sem costuras, com quatro agulhas. Tecer à mão era comum na Europa medieval, e a produção de chapéus, luvas e meias era uma indústria importante.

Em 1589, o reverendo William Lee inventou o tear de malhas por trama, que acabou por revolucionar o comércio de malharia. Inicialmente criada para uso com a lã curta e fina das ovelhas de Sherwood Forest, a máquina produzia malha grossa para as meias de camponeses. Lee não teve sucesso na promoção desse tear; a rainha Elizabeth se recusou a dar a patente porque temia que ele prejudicaria a indústria da malha feita à mão. Lee então desenvolveu o tear para ser usado com seda: a máquina original tinha oito agulhas por polegada, mas essa nova máquina fora projetada para ter 20 agulhas por polegada, e foi perfeita para fazer meias caras e luxuosas. Os ingleses continuaram desinteressados, então Lee levou seu tear para a França, onde finalmente fez sucesso. Ao final do século XVII, seu uso já estava difundido por toda a Europa. Tecer ficou mais rápido, pois, em vez de fazer ponto a ponto, carreiras inteiras podiam ser tecidas de uma só vez. A máquina foi sendo aperfeiçoada gradualmente e, no século XVIII, a ideia de tecer aberturas trouxe novas possibilidades para o design. No final do século XIX, a indústria de malharia já era imensa; as inovações em tecnologia abriram caminho para o tear plano.

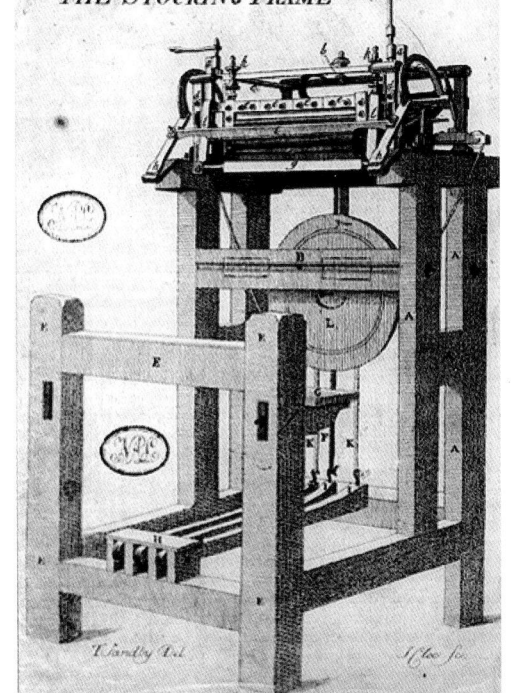

1   *Visit of the Angel*, mais comumente conhecida como *Knitting Madonna*, de Mestre Bertram de Minden, 1400-1410.
2   O tear de pedal foi inventado por William Lee em 1589.

Visão geral

Jerseys e guernseys

Jerseys e guernseys originaram-se nas Ilhas do Canal, ao largo da costa norte da França. Essas roupas de pescadores eram duráveis, confortáveis e quentes; tecidas em lã lubrificada e com ponto apertado, conseguiam resistir à chuva e aos respingos do mar. Os jerseys e guernseys originais eram na cor azul-escuro, quase preto, e eram tecidos em círculo, com quatro ou mais agulhas, a fim de se obter uma peça sem costura. Era comum os designs serem tecidos em padronagens com faixas, às vezes exibindo texturas diferentes entre uma faixa e outra.

Graças à abertura das rotas comerciais no século XVII, essas peças de vestuário tornaram-se a marca registrada do pescador em todo o Reino Unido, onde foram adaptadas com novas padronagens e texturas (em outros lugares, são muitas vezes chamadas de "ganseys"). Os pontos foram passados de geração em geração e essa riqueza de padronagens abriu grande espaço para um design único. Essas peças foram cultivadas, cuidadas, remendadas e, muitas vezes, passadas de uma geração para a outra. Acreditava-se que o pescador que morresse no mar poderia ser identificado pelo trabalho à mão de seu guernsey.

1

2

Aran

Apesar das controvérsias, a maioria dos historiadores concorda que o pulôver Aran é uma invenção relativamente recente. Nos anos 1890, o governo irlandês lançou uma iniciativa que estimulava as famílias mais pobres a tecer peças de vestuário para vender, e um grupo de mulheres das Ilhas Aran, localizadas na costa oeste do país, se destacou adaptando o guernsey tradicional.

As roupas eram originalmente tecidas em lã densa e não tratada, o que mantinha seus óleos naturais; elas eram em sua maioria na cor creme, às vezes em preto. A malha Aran tem padronagem intrincada, com trançados justos, favos de abelha, diamantes e efeitos gradeados, e muitas vezes apresenta padronagens diferentes na frente e nas costas. A base de muitos padrões Aran é a trança simples, um design de corda torcida que consiste em certo número de pontos divididos para que possam ser trançados em torno uns dos outros. Um design típico Aran tem um painel central com dois painéis laterais e pontos de trança. O tecelão usa ferramentas para mover um ponto ou um grupo de pontos sobre ou para atrás de outro ponto.

1   Pescadores de Shetland usando padronagens em lã únicas, feitas à mão, por volta de 1900. Shetland Museum and Archives.
2   Mini ganseys, de Annie Shaw
3   Interpretação moderna da tradicional malha Aran, de Alexander McQueen, Outono/Inverno 2006.

Visão geral

Fair Isle

A malha Fair Isle (também conhecida como jacquard) é famosa por suas padronagens multicoloridas e bastante típicas. Uma pequena ilha ao sul das ilhas Shetland, Escócia, Fair Isle era um centro comercial frequentado pelas frotas vindas do norte da Europa e do mar Báltico. Influências de lugares como Escandinávia e Espanha podem ser vistas nesse tipo de malha.

A produção artesanal floresceu e continuou a prosperar até o seu declínio, no início de 1800. Por volta de 1910, a malha Fair Isle ganhou nova popularidade, e com o investimento dos tecelões em novas padronagens e cores, por volta da década de 1920 o estilo tornou-se uma moda exclusiva dos ricos e da classe-média.

Enquanto a malha Aran combina efeitos texturizados, a malha Fair Isle concentra-se em padronagem e cor. Ela une repetições de design e de motivos, que tendem a ser divididos em faixas ou blocos verticais e horizontais. Instruções para a confecção de malhas são tomadas a partir de gráficos, o que dá uma ideia visual de como o design ficará quando pronto. Há um grande potencial para o design com as diferentes combinações de padronagens e motivos das bainhas. Veja mais sobre padronagens Fair Isle nas páginas 92-93.

2 3

Rendados

As Ilhas Shetland são famosas por suas padronagens rendadas, em malha muito fina com fios macios. Xales entrelaçados eram trabalhados das bordas para dentro. O design variava de simples misturas de padronagens, baseadas em pontos tricô, a intrincadas padronagens de renda, baseadas em ponto meia. Vários modelos de padronagens de rendas receberam nomes para descrever o ponto; algumas tinham significados, como "Old Shale", que retratava ondas na praia. Outras eram mais descritivas, como "pena e ventilador", "crista da onda", "pata de gato" e "ferradura".

Padronagens de renda permitiam inúmeras modificações e combinações, o que possibilitou a produção de peças em rendas luxuosas e únicas em design. A malha rendada nunca morreu completamente – muitos artesãos de hoje ainda gostam do desafio. Veja as páginas 76-79 para mais informações sobre renda.

Meias com padronagem argilé

Originárias da Escócia, as meias argilé eram tradicionalmente usadas com os kilts, em especial por regimentos militares. A padronagem era trabalhada em xadrez largo, mostrando tons claros, escuros e meios-tons entre o padrão, ou em xadrez como o tartan. Em vez de serem tecidas em círculo com quatro agulhas, essas meias eram tricotadas com duas agulhas com diferentes comprimentos de fios para cada cor.

1 Malha Fair Isle de Hannah Taylor. Fotografia de Jojo Ma.
2 Rendeiras de Shetland (esquerda) e Fair Isle (direita) do início do século XX. Shetland Museum and Archives.
3 Interpretação moderna de meias argilé, de Vivienne Westwood, Outono/Inverno 2007. Catwalking.com.

Visão geral

Fios e fibras

A escolha de fios é muito importante, e existem muitos fatores a serem levados em consideração; o mais importante deles é a qualidade e a adequação para o resultado final. Nesta seção, vamos examinar brevemente alguns dos diversos fios disponíveis para máquinas de malharia e tentar esclarecer algumas das dúvidas sobre a espessura do fio, o processo de fiação e os diferentes tipos de conteúdo da fibra.

Todos os fios são feitos de fibras naturais ou sintéticas, e vêm em vários comprimentos, conhecidos como "filamento contínuo" e "fibra descontínua". Filamentos contínuos são fibras longas feitas em um comprimento contínuo. As fibras sintéticas são produzidas em forma de filamentos. Elas são muitas vezes cortadas em comprimentos de fibras descontínuas, mais curtas, antes de serem fiadas. O único filamento contínuo de fibra natural é o da seda. As fibras descontínuas são muito mais curtas no comprimento: inúmeros pedaços separados são torcidos e fiados para fazer um fio. Às vezes, por razões de resistência, design ou economia, os fios podem ser feitos de uma mistura de fibras descontínuas e filamentos de fibras.

Fiação

A fiação envolve a torção das fibras descontínuas para formar fios contínuos. Um processo chamado cardagem é primeiramente usado para separar as fibras emaranhadas. Máquinas de cardagem, que consistem em grandes rolos cobertos com lâminas afiadas, criam uma fina manta de fibras, que são divididas em faixas estreitas, conhecidas como fitas de carda. As fitas de carda são então retiradas e torcidas. Os fios podem ser torcidos no sentido horário ou anti-horário, resultando em uma torção "s" ou "z". O fio pode ser torcido com força, produzindo um fio duro e forte; ou pode ser torcido levemente, dando volume, maciez e menos força, mas boas propriedades isolantes.

Os fios fiados à mão podem ser tecidos em máquina, sendo geralmente mais adequados para uma máquina robusta, devido à textura irregular do fio. Fios singelos ou retorcidos são produzidos pelo processo de fiação. Esses filamentos podem ser torcidos com outros filamentos para a produção de fios mais grossos, sendo por isso conhecidos como fios dois cabos, três cabos e assim por diante. Retorcer também impede que o fio se torça sobre si mesmo e deixa a malha final mais plana. De acordo com o número de fios singelos combinados e com a forma como os fios são retorcidos, muitos efeitos diferentes podem ser alcançados. Fios de fantasia têm uma variedade de texturas e misturas de cores aplicadas na fase de fiação.

1–2 Seleção de amostras de malhas e fios fiados à mão, de Jennifer Dalby.

2

Visão geral

Fios Naturais

Fios naturais podem ter origem animal ou vegetal. Os três principais fios de origem animal são a lã, o pelo e a seda. Os de origem vegetal mais comuns são de linho e algodão.

1

Lã

Extraída da tosquia da ovelha, a lã é o tipo mais comum de fio utilizado na confecção de malhas, pois sua elasticidade natural facilita o trabalho. Pode ser grossa ou fina, dependendo da forma como é fiada, e sua qualidade pode variar de acordo com o tipo de ovelha. Algumas lãs têm o comprimento de fibra mais longo e fino; por exemplo, a lã merino, das ovelhas merino, tem uma fibra mais fina do que outras lãs. Fios de Shetland têm fibras de comprimentos mais curtos; eles às vezes irritam um pouco a pele, pois as pontas de fibras mais espessas e de menor comprimento desenrolam-se dos fios fiados.
A lã penteada é fiada com uma mistura de fibras de diferentes comprimentos, o que a torna mais suave, forte e brilhante do que a lã de Shetland.

Pelo

O pelo é retirado de outros animais além das ovelhas, embora as fibras de pelo sejam frequentemente misturadas com lã de ovelha. Um exemplo é o mohair, retirado da cabra angorá. Esse é um fio de luxo, com uma superfície peluda única; quando misturado com lã ou seda, sua aparência se torna ainda mais refinada. O angorá, que vem do coelho angorá, é um fio suave e macio. É normalmente utilizado em misturas com lã para ganhar força. Cashmere é outro fio de luxo; extraído da cabra cashmere, é um fio macio, quente e leve.

Seda

Colhida dos bichos-da-seda, a seda é a única fibra de filamento contínuo natural – e é cara. É forte, com aparência suave e brilhante, sendo frequentemente misturada a outras fibras para ganhar versatilidade. A seda fiada é mais barata, por ser feita a partir dos resíduos de filamentos partidos. Já seda selvagem, colhida de bichos-da-seda não domesticados, é grosseira e irregular.

Linho

Fibras longas de linho são feitas a partir do caule da planta do linho. Esse fio forte tem pouca elasticidade e em geral é misturado com outras fibras, como algodão, para ficar mais fácil de trabalhar. Os fios costumam ser emaranhados.

Algodão

Feito das fibras do algodoeiro, o algodão é um fio forte, não elástico e com um acabamento suave. O algodão não tratado é mais difícil de tecer do que o algodão mercerizado, que tem um tratamento adicional na fase de produção.

1. Amostra de malha feita à mão, com ponto escada, corda natural e fios fiados manualmente, de Jennifer Dalby.
2. Seleção de amostras de tranças tecidas à mão, de Jennifer Dalby, utilizando seus próprios fios fiados manualmente e corda natural.

Visão geral

Fios artificiais

O desenvolvimento de fibras manufaturadas e de seus processos de texturização inspirou e trouxe inúmeras vantagens para a indústria de confecção de malhas: essas fibras são fáceis e baratas de produzir e podem ser misturadas a fibras naturais, que são frágeis demais para serem usadas sozinhas. No entanto, essas fibras produzidas pelo homem possuem inconvenientes ambientais, uma vez que toda a sua produção envolve o tratamento químico das matérias-primas e o uso de carvão e petróleo. A distinção entre as fibras naturais e as artificiais está cada vez menos nítida, pois muitas fibras naturais, como o algodão, a lã e o linho, são regularmente submetidas a tratamentos químicos.

Há duas categorias de fibras manufaturadas: as regeneradas e as sintéticas. Fibras regeneradas são derivadas de substâncias naturais, como a celulose ou o leite. O rayon, a mais conhecida das fibras regeneradas, normalmente é caracterizado por seu brilho e costuma ser usado como um substituto da seda. Viscose e acetato são ambos produtos da família do rayon e podem derreter sob ferro quente. Fibras sintéticas, tais como o acrílico, são feitas de produtos químicos à base de petróleo, plástico e/ou carvão. O fio da fibra frisada de acrílico é frequentemente utilizado como um substituto da lã, mas é menos durável, não tão quente e tem uma tendência a esticar. O nylon é outro fio sintético: é muito forte, não absorvente e melhor misturado com a lã. O poliéster é semelhante ao nylon, mas com menos brilho.

Outros fios artificiais incluem fios metálicos, como o Lurex, os quais são feitos de alumínio e revestidos em plástico. A fabricação de fios sintéticos continua a evoluir, e atualmente há um grande número de fios refinados e sofisticados disponíveis no mercado. Existem hoje microfibras extremamente finas, que abriram novas possibilidades na concepção de fios; fios com elastano estão sendo cada vez mais utilizados em roupas sem costura; e novas misturas e texturas são continuamente desenvolvidas.

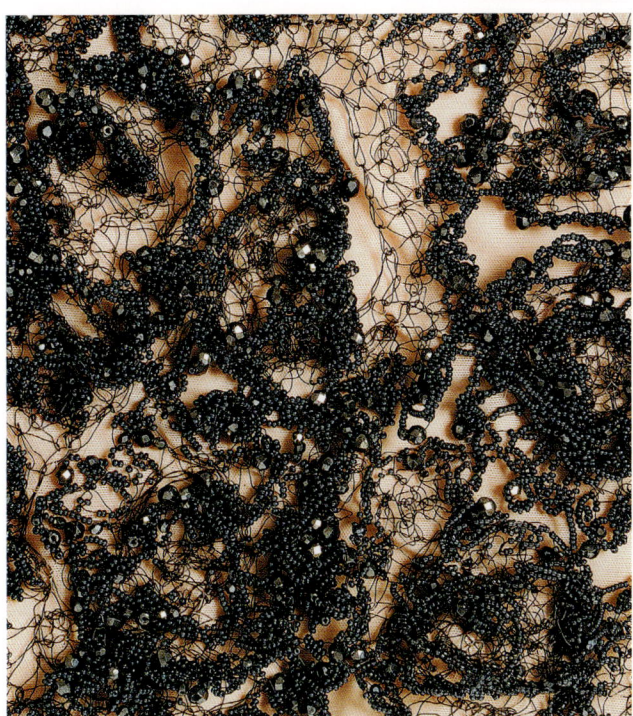

1–4 Seleção de amostras, de Victoria Hill, construídas com fios sintéticos incomuns, como borracha, acrílico e arame.

3

4

Visão geral

Fios inovadores

Efeitos incomuns em fios são alcançados brincando-se com a cor, com a textura e com os ajustes de calor. Esses efeitos podem ser adicionados à fibra nas fases de fiação ou de retorção. Por exemplo, um fio misturado tem diferentes cores combinadas no estágio de fibra. Um fio mescla é composto por dois fios singelos de lã fiados, em cores diferentes, torcidos juntos. Os fios Nap têm manchas coloridas ao longo de sua extensão, como pequenas bolas de lã coloridas.

Comprando fios

Muitas empresas especializam-se na venda de fios para a malharia. Fios em cones industriais são mais usados por máquinas de malharia; fios em novelos são geralmente muito caros, emaranham-se com mais facilidade e não duram muito. No entanto, é uma boa ideia ter uma variedade de fios incomuns para experimentação e pequenas quantidades de fios mais grossos, que são úteis para tecer à mão.

1 Malha de fios de lã grossos, de Alexander McQueen, Outono/Inverno 2009.
2 Tipos diferentes de fios (de cima para baixo): fantasia; lã fiada; Lurex; chenille; ribana; fita de renda; bouclé; tweed; mescla; twist; mohair; crepe tingido em espaços; flamé; Lurex torcido; fantasia; flamé.

Visão geral

1. Testes de tingimento de Georgia Northcoombs.
2. Jaqueta e minivestido de Jessica Gaydon, vestido (por baixo) de Orla Savage. Fotografia de Jojo Ma.

Tingimento de fios

Explorar diferentes efeitos com tingimento pode dar ao seu trabalho um toque único e abrir novas possibilidades de design. Cores de base originais afetam a aparência das cores tingidas finais, então use fios em tons naturais e claros para obter melhores resultados. Antes de tingir, os fios precisam ser retirados do cone, enrolados em meada (faça isso enrolando os fios ao redor do encosto de uma cadeira) e amarrados frouxamente, para evitar o embaraço. Os fios também devem ser lavados para remoção dos revestimentos.

Corantes dylon

Disponível em lojas de ferragens, as tintas Dylon vêm em uma ampla gama de cores. Cada lata contém pó suficiente para tingir aproximadamente 227 gramas de fios, mas você pode variar a quantidade de corante em função da intensidade da tonalidade desejada. É uma boa ideia anotar a quantidade de corante adicionada ao peso dos fios e mantê-la com a amostra dos mesmos. Essas tintas são fáceis de usar e vêm com instruções completas. No entanto, elas não funcionam bem com alguns fios sintéticos.

1

Corantes ácidos

Esses corantes químicos são fortes e brilhantes e têm excelente fixação de cor. Vêm em forma de pó e exigem um processo de tingimento semelhante ao dos corantes Dylon. Com poucas cores de base, é possível criar uma gama de cores muito grande; duas ou mais cores podem ser misturadas e muitas tonalidades podem ser criadas a partir de uma só cor apenas com a variação da quantidade de corante utilizado. Ao fazer testes com essas misturas, é importante registrar as quantidades usadas em combinação, juntamente com uma amostra dos fios antes e depois; por exemplo, 30g de fios de lã, 40ml vermelho/ 60ml azul. Essa informação servirá como ponto de partida para novas variações sobre a tonalidade.

Corantes vegetais

Tinturas vegetais podem produzir uma bela variedade de cores, mas tendem a não ser muito fortes e são mais propensas a desbotar quando lavadas. No entanto, são um recurso mais barato para tingir fios e suas cores já inspiraram muitas coleções suaves, estilo vintage. Corantes feitos a partir de materiais vegetais reunidos podem resultar em projetos de cor interessantes, mas também podem representar um desafio quando se tenta replicar cores exatas.

Tingimento em espaços

Fios com tingimento em espaços (tingimento artesanal feito em recipientes abertos) são compostos por um conjunto de cores em uma tira. Nessa técnica de tingimento parcial, a meada de fios é mergulhada em vários corantes de cores diferentes. Quando tecidos em listras e padronagens, esses fios criam efeitos incomuns de arco-íris. Padronagens Fair Isle multicoloridas também podem ser criadas sem a necessidade de mudar os fios.

Visão geral

Construção da malha

A estrutura básica da malha é composta por uma série de laçadas criada usando-se duas técnicas muito diferentes entre si: malharia por trama ou malharia por urdume. Na malharia por trama, a mais comum das duas, as laçadas são formadas com um fio contínuo em cursos sucessivos ao longo do comprimento; as colunas são perpendiculares aos cursos (veja a Figura 3). A malharia por urdume exige diferentes máquinas e envolve lotes de fios diferentes, um fio por coluna. O tecido resultante tem menos elasticidade e é mais difícil de desmanchar do que a malha por trama.

1

2

Formação do ponto

As agulhas da máquina de malharia têm três partes: a lingueta, a cabeça e o pé (veja a Figura 4). O ponto fica preso na cabeça; quando a cabeça desliza para frente, o ponto se move para trás da lingueta. O fio é então posicionado sobre a cabeça e, à medida que a agulha desliza para trás, a lingueta fecha. Um ponto novo é formado quando o ponto existente é empurrado sobre a lingueta (veja a Figura 5).

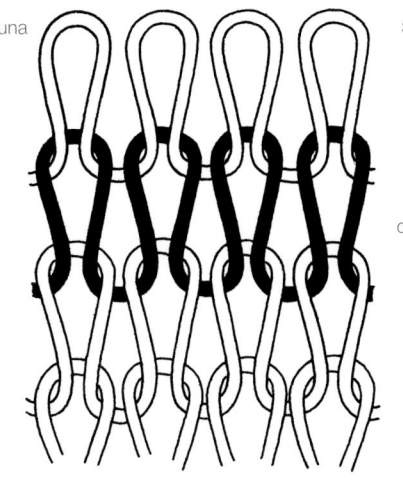

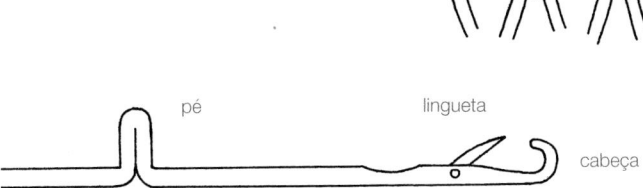

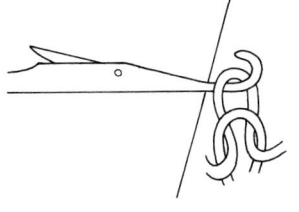 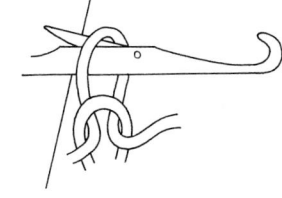

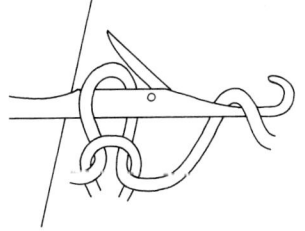 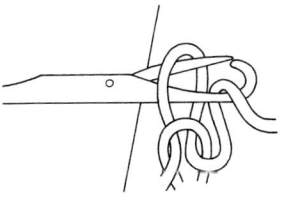

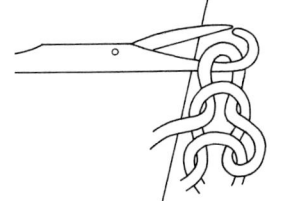

1   O tear circular de madeira simples já serviu — e continua a servir — de tear básico para muitas crianças, além de ser uma introdução à tecelagem. Conhecida como malha francesa, a técnica consiste em envolver um cordão circular estreito ao redor dos pregos para fazer uma carreira e então passar o fio por trás dos pregos, formando duas carreiras. Ao levantar a primeira carreira sobre a segunda, um ponto é formado, deixando uma carreira sobre os pregos. Uma malha em tubo começa a tomar forma no centro da bobina.

2   Máquina de malharia com uma peça de malha em produção.

3   Desenho da estrutura da malha, mostrando o curso (carreira) e as colunas (ponto).

4   Agulhas para máquinas têm uma lingueta, uma cabeça e um pé.

5   Série de desenhos que mostra como os pontos são formados em uma máquina de malharia.

Visão geral

1. Máquinas de malharia de monofrontura e calibre médio, tais como esta, são melhores para iniciantes.
2. Carro padrão para a máquina Knitmaster. É necessário um carro diferente para uma frontura dupla, fornecido com a frontura da máquina. Há também muitos carros especiais disponíveis para fazer rendas e intársia.

Noções básicas da máquina

Há duas categorias de máquina: máquina de monofrontura, com um só conjunto de agulhas, e de dupla frontura, com dois conjuntos de agulhas opostas. A maioria dos iniciantes compra uma monofrontura de calibre padrão, que produz um tecido de malha simples e básico com ponto meia. É melhor começar com uma monofrontura, pois as posições das agulhas são mais fáceis de entender e, como a malha fica visível, é mais fácil reparar erros. Ela também pode ser usada para produzir ribanas falsas, que não são tão profissionais quanto as feitas em dupla frontura. A maioria das máquinas domésticas pode fazer padronagem com cartões perfurados. Depois de se acostumar com a monofrontura, você pode usar um acessório de frontura para convertê-la em uma dupla frontura – duas fronturas de agulhas dão maior flexibilidade. A máquina de dupla frontura pode produzir malha dupla ou ribana, e há inúmeras possibilidades de pontos. A maioria dos fabricantes fornece fronturas como acessório para os seus diferentes modelos.

Tensão

O fluxo de fios é controlado por um tensor, uma mola de tensão e um disco de tensão. Como a tensão é controlada mecanicamente, a quantidade de tecido torna-se mais regular.

Frontura

A frontura segura as agulhas da máquina; essas agulhas têm lingueta e cabeça, o que permite à máquina enganchar pontos novos e largar os antigos rapidamente.

1

Carro

O carro da máquina move-se ao longo da frontura e simplesmente desliza as agulhas para a frente a fim de tecer. Alavancas sobre os cames de controle do carro podem ser usadas para selecionar as agulhas e criar uma variedade de pontos, tais como ponto retido e omitido. O tamanho do ponto pode ser regulado pelo ajuste da tensão do fio em combinação com o seletor de tamanho de ponto do carro.

Calibre da máquina

O calibre, também chamado galga ou finura, da máquina refere-se ao número de agulhas por polegada da frontura de agulhas. Diferentes espessuras de fio podem ser usadas dependendo do número da máquina. Máquinas de galga fina (7g) seguram 250 agulhas e são adequadas para a confecção de malhas finas a fios de peso médio. Máquinas de galga média (5g) têm 200 agulhas e são ideais para fios de peso médio. Máquinas de galga grossa (3g) têm 100 agulhas e podem acomodar fios grossos e densos. É possível explorar diferentes espessuras de fios em cada uma dessas galgas intercalando o fio nas agulhas para tecer.

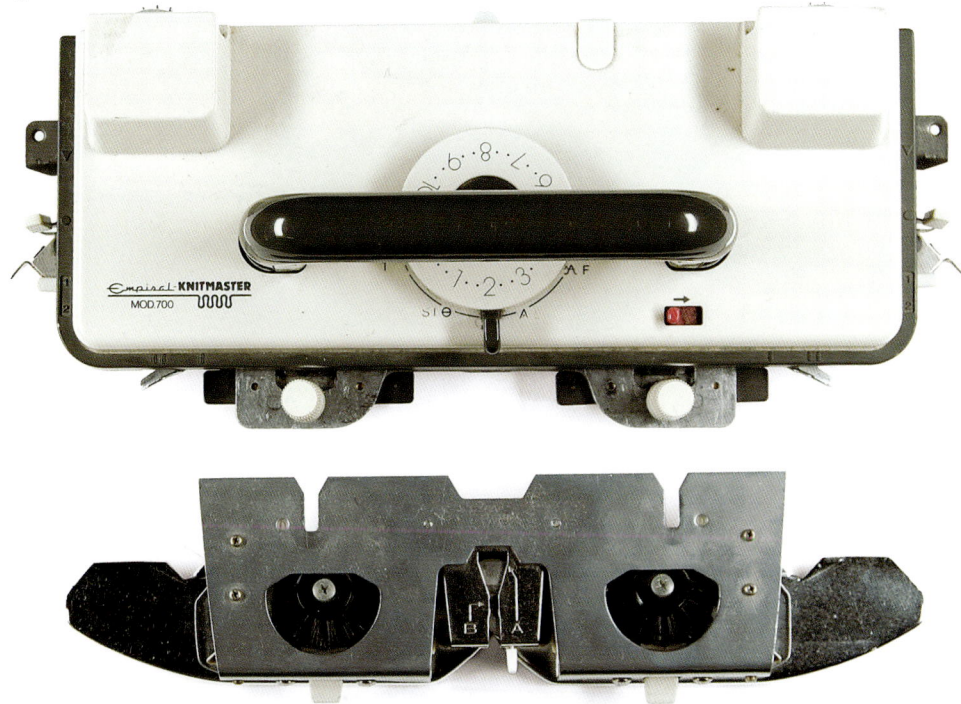

2

Visão geral

Tipos de máquina

Esta seção apresenta uma visão geral dos três principais tipos de máquinas de malharia. Máquinas domésticas de segunda mão são ideais para estudantes e muito fáceis de encontrar tanto em lojas de equipamentos usados quanto em sites de leilão. A maioria dos modelos é confiável e tem aproximadamente o mesmo preço, exceto as máquinas de galga fina, as quais são mais procuradas e, em geral, mais caras.

Máquinas eletrônicas

Máquinas eletrônicas podem ser programadas para que façam o serviço automaticamente. Algumas máquinas usam folhas milimetradas para criar as padronagens, que podem ser repetidas, invertidas, tecidas de cabeça para baixo, espelhadas ou duplicadas em comprimento e largura. Se você for comprar uma máquina eletrônica, é uma boa ideia considerar um modelo que seja compatível com um programa de CAD/ CAM (de desenho e manufatura assistidos por computador) para malhas, como o DesignaKnit e o Texware.

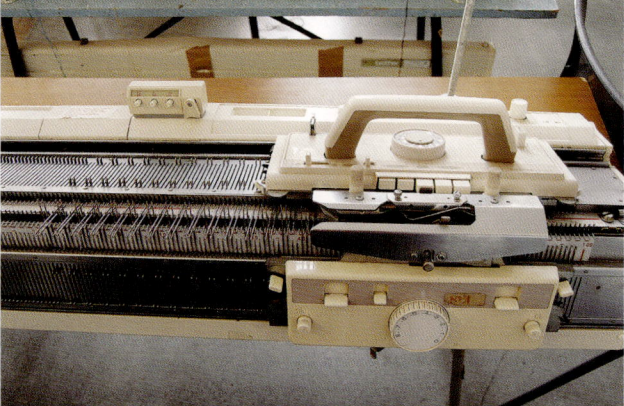

1

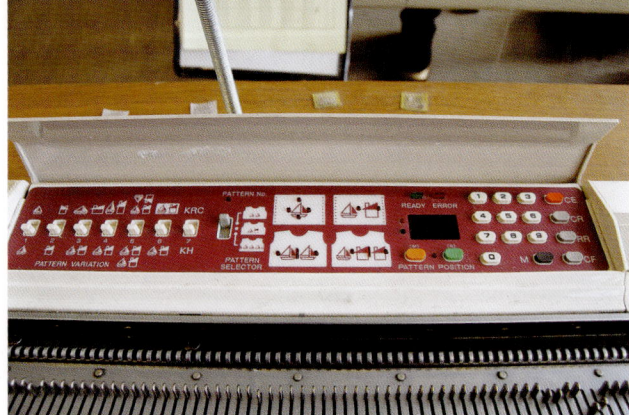

2

Máquinas industriais manuais

Máquinas industriais manuais são incrivelmente versáteis; têm duas fronturas fixas e são conhecidas como frontura em "V" (vista de lado, parecem um V invertido). As fronturas são posicionadas em ângulo reto, o que permite a malha ser distribuída igualmente. Elas também têm uma maior variedade de finuras, permitindo fazer malhas muito finas em finuras de 10 e 12. A tensão pode ser alterada para diferentes partes da roupa, como uma borda canelada e o ponto jersey.

Máquinas eletrônicas industriais

Hoje, as máquinas automáticas, eletronicamente programadas, são muito sofisticadas. Algumas têm quatro fronturas de agulhas, dando maiores possibilidades para a forma. Elas podem ser usadas para tecer diferentes gramaturas de fios sem a necessidade de mudar o tamanho da agulha. As máquinas mais recentes produzem peças completas sem costuras e com apenas um fio, eliminando os custos de mão de obra para acabamento. O corpo e as mangas podem ser tecidos ao mesmo tempo, por meio de uma técnica de confecção de malha tubular. Ribanas, punhos e bainhas podem ser tecidos no início, decotes no final. As máquinas de roupas completas e os sistemas de programação são extremamente caros, e precisaram de anos de pesquisa e desenvolvimento para serem aperfeiçoados; técnicos altamente qualificados são necessários para operá-los. Os dois principais modelos que oferecem o sistema de vestuário completo são Shima Seiki, do Japão, e Stoll, da Alemanha (embora a China esteja rapidamente desenvolvendo sua indústria de construção de máquinas).

3

4

1   Máquina de malharia Brother com dupla frontura e cartão perfurado.
2   Máquina eletrônica Brother.
3   Máquina industrial manual.
4   Máquina industrial eletrônica Stoll.

Visão geral

Ferramentas

A maioria das máquinas vem acompanhada de uma seleção de ferramentas básicas que são compatíveis com sua finura. Essas ferramentas podem ser usadas em máquinas diferentes, desde que as finuras sejam as mesmas.

As ferramentas mais úteis são aquelas utilizadas para selecionar, mover, segurar e reparar pontos. Usar as ferramentas certas para fazer manobras como criar vazados em renda e padronagens manuais, aumentar e diminuir pontos ou desfazê-los, não só poupa tempo como também facilita a tarefa.

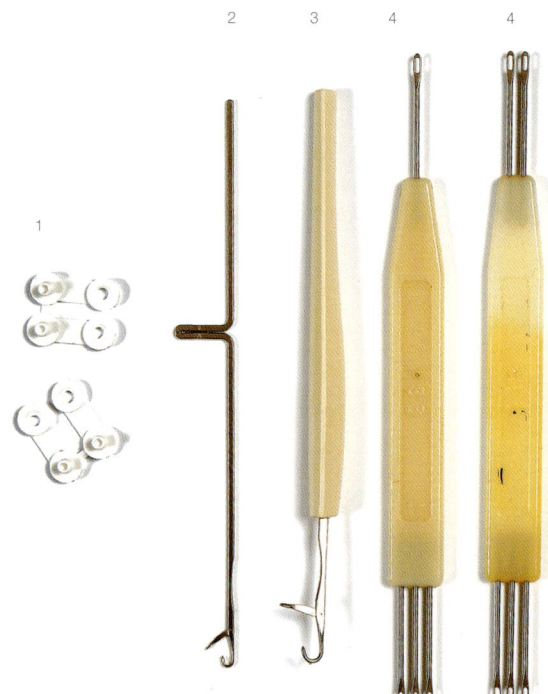

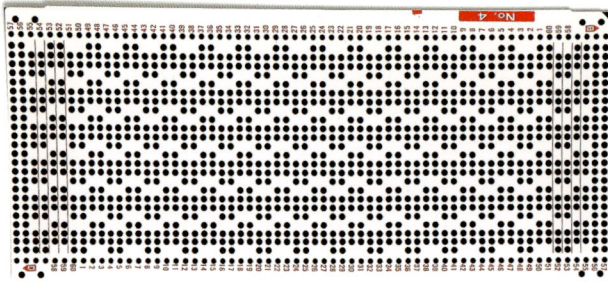

1. Cartões perfurados e prendedores de plástico para a produção de padronagens em malha. Moldes pré-perfurados estão disponíveis no mercado, e podem ser usados com outras configurações de ponto, como o rendado, o retido e o omitido.

2. As agulhas de máquina têm lingueta, cabeça e pé. Há mais agulhas para máquinas de numeração calibre fino e menos para máquinas de numeração calibre grosso.

3. Os remalhadores são usados para descartar e pegar os pontos falhados.

4. Os transportadores são usados para mover os pontos de uma agulha para outra. Ferramentas de dois e três pontos são úteis para o manuseio de dois grupos de pontos simultaneamente, tais como as tranças; já as ferramentas de pontos ajustáveis permitem colocar alguns dentes em posições de não trabalho, e podem ter até 15 dentes.

5. Ferramentas de reparo são úteis para pegar os pontos falhados. Elas têm uma variedade de estilos e tendem a se parecer com as agulhas de crochê; algumas têm função de pegada (pontiaguda) em uma extremidade e de transferência (ilhós) em outra.

6. Perfurador para fazer cartões perfurados.

7. Para acelerar a seleção de agulhas, a régua selecionadora de plástico permite selecionar várias agulhas de uma só vez, dependendo do arranjo dos dentes. Por exemplo, você pode empurrar ou puxar todas as segundas, terceiras ou quartas agulhas.

8. Folhas milimetradas para fazer padronagens de malha em uma máquina eletrônica. Não é necessário perfurar as folhas, já que as padronagens são desenhadas com um lápis macio que reflete a luz.

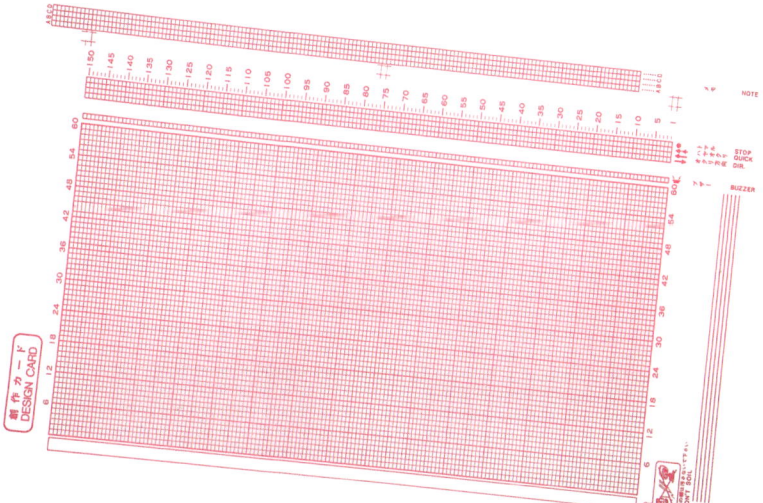

Visão geral

9 Enroladores são úteis para enrolar fios em cones ou em novelos. Há vários modelos disponíveis e são usados para torcer os fios.

10 Contrapentes e pesos, fornecidos com a frontura, são usados para montagem da primeira carreira. Os pesos podem ser adicionados ao contrapente, conforme necessário.

11 Pentes com agulha de gancho são usados na monofrontura para a montagem da primeira carreira e como pesos adicionais para grandes pedaços de malha.

12 Ganchos para malharia são ferramentas úteis para a pesagem de pequenos grupos de pontos em máquina de dupla frontura. Também são úteis para evitar laçadas indesejadas no final das carreiras, nas bordas.

13 Pesos com garras ajudam a manter os pontos firmemente no lugar. São bastante fáceis de mover enquanto a malha cresce e vêm em uma variedade de formas e tamanhos; alguns pesos têm buracos, permitindo que pesos adicionais sejam pendurados neles.

14 O fio de nylon é útil para a montagem da primeira carreira quando uma extremidade inacabada de malha é necessária.

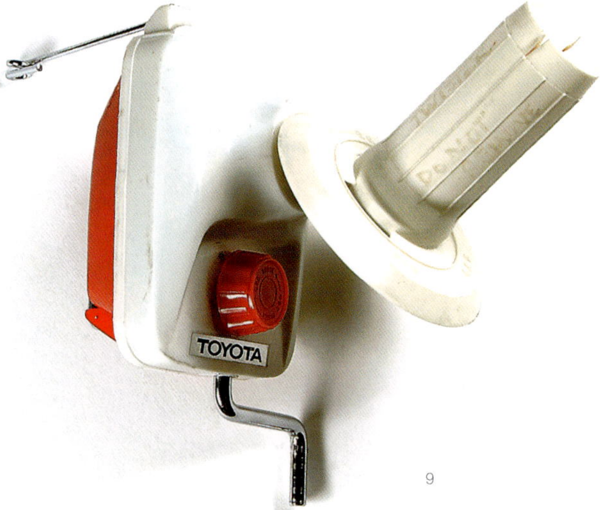

9

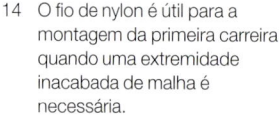

10

11

15 Pesos de máquina industrial ficam suspensos, presos a ambas as extremidades do pente. São circulares e podem ser colocados um em cima do outro. A quantidade de peso depende principalmente da largura da malha: materiais finos e delicados requerem menos peso.

Não ilustrados:
Barra reversa serve para virar a malha e produzir o ponto reverso, podendo fazer, inclusive, cristas de malha invertida.

Segurador de pontos. Algumas técnicas manuais precisam que os pontos sejam temporariamente afastados das agulhas durante o processo; esses pontos são colocados em ferramentas específicas para segurá-los. Também há seguradores projetados para conter vários pontos, e os pontos podem ser facilmente substituídos. Agulhas circulares flexíveis de malha também podem ser úteis para segurar pontos, assim como os pinos grandes de segurança.

Linker para costurar ou colocar bordas, babados e golas. Pode ser usado para produzir um acabamento de ponta a ponta; disponível em modelos de mão e motorizados, e também como acessório de máquina.

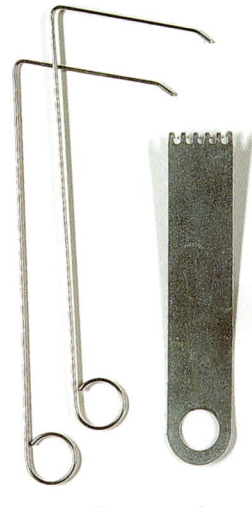
12
13

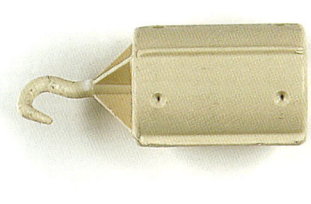
10

13

14

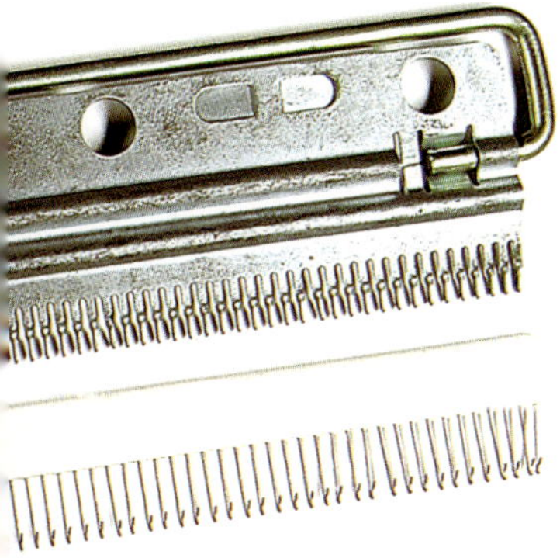

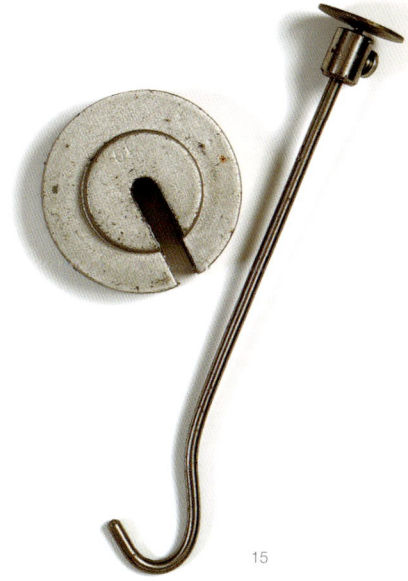
15

Visão geral

Avanços no design e na tecnologia

1. Issey Miyake foi a inspiração para esta malha feita em CAD, de Amy Dyer.
2. Algumas das últimas tecnologias em malhas e fios são apresentadas na feira Pitti Filati, o principal evento internacional para a indústria de fios para malharia.

As máquinas de malharia percorreram um longo caminho desde o tear de pedal de William Lee, em 1589. Os sistemas simplificados de hoje e os tecidos de malha avançaram em design e qualidade como resultado da evolução da tecnologia da informação e da fabricação de fios.

Como vimos, roupas sem costuras tecidas à mão datam de antes dos tempos medievais – o próprio gansey dos pescadores era altamente técnico, sem costuras. No entanto, foi a introdução da máquina Shima Seiki, na década de 1970, que trouxe o conceito de peças sem costura (inteiras) para a indústria. Na década de 1980, Shima Seiki já tinha informatizado todas as suas máquinas.

Outro avanço importante na fabricação de malhas foi o conceito de roupas A-poc, do designer japonês Issey Miyake, na década de 1990. A-poc (que literalmente significa um pedaço de tecido) usa malha por urdume e aplica uma tecnologia diferente à malha por

1

trama de peça inteira de Shima Seiki. A-poc é composto de um rolo de tecido de malha tubular, que incorpora os delineamentos das formas da roupa. As linhas de corte são marcadas nos moldes da malha e o cliente pode cortar a malha seguindo as formas de seu molde, produzindo várias peças de roupas a partir da mesma peça de tecido. Essa roupa revolucionária não requer costura ou processo de acabamento: devido à estrutura da malha por urdume, as bordas cortadas não desmancham.

Existem muitos contrastes no design e na produção de malhas e, embora o design e os avanços estejam de fato diretamente ligados aos avanços tecnológicos, as roupas de luxo sempre foram associadas ao trabalho manual. Novos e inovadores designs estão sendo mesclados a técnicas antigas e tradicionais. Em resposta ao sucesso da produção em massa, percebe-se uma valorização crescente das "slow clothes", ou roupas lentas, e das desejáveis peças exclusivas, que são mais pessoais para o usuário.

2

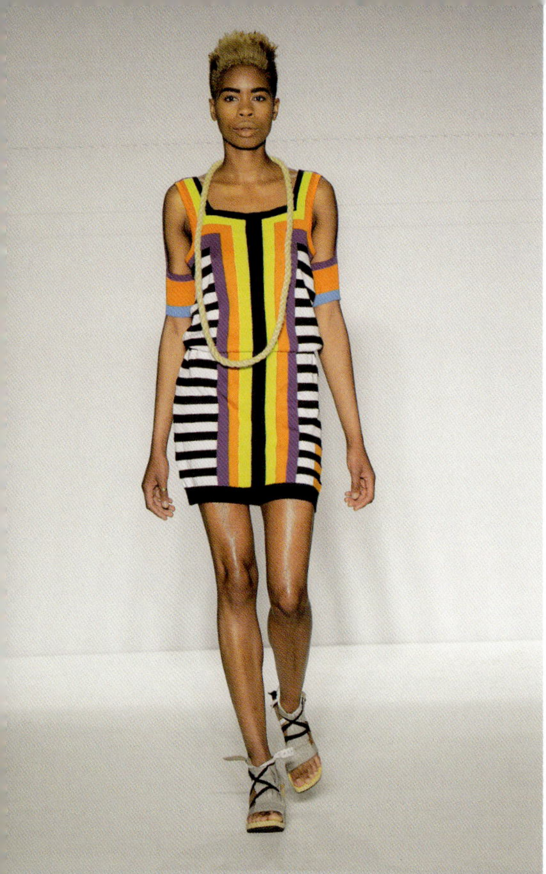
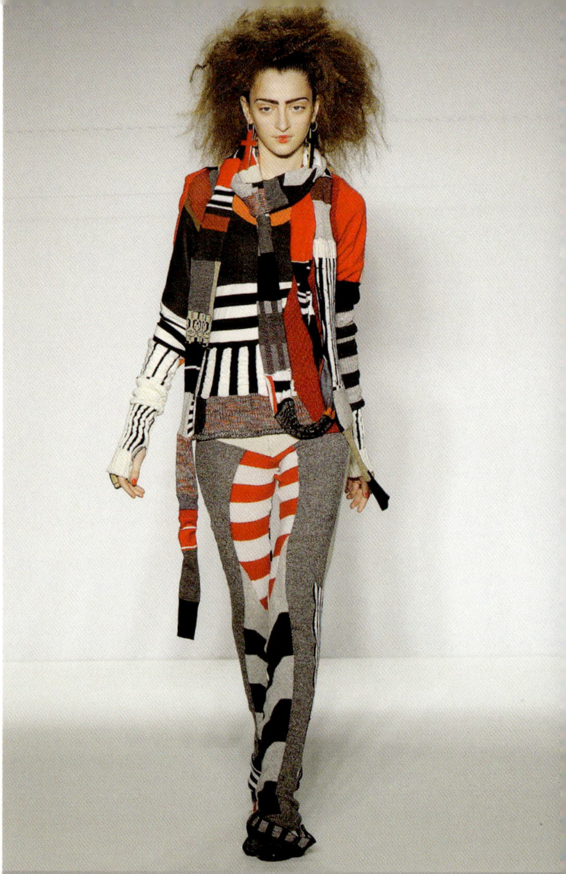
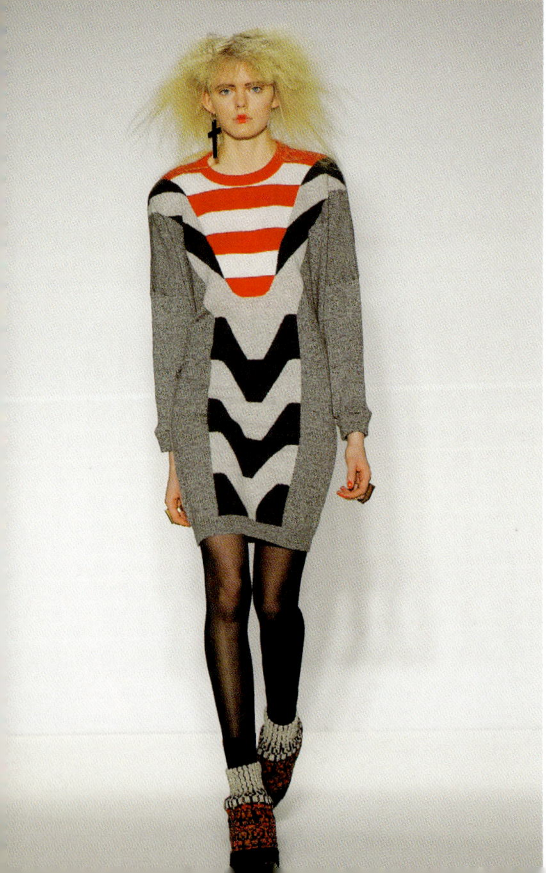
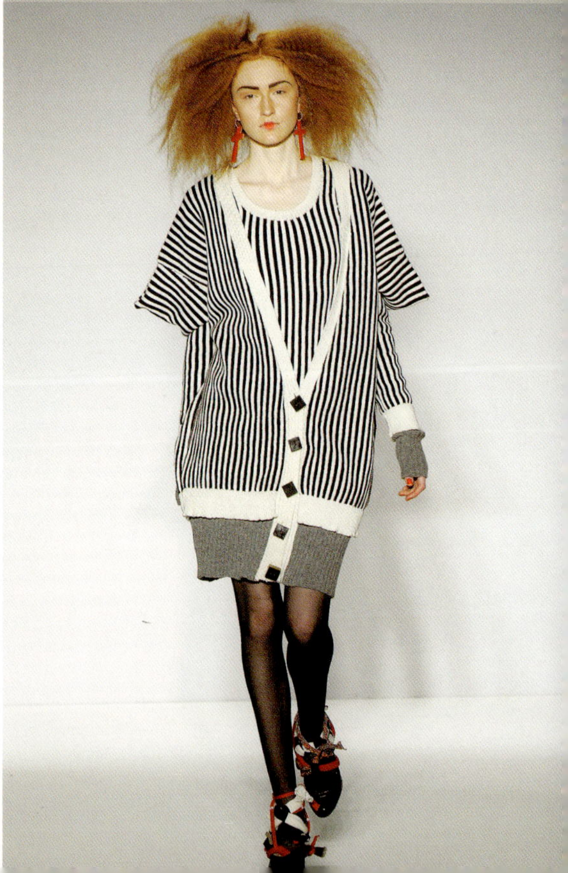

> *"O desenvolvimento do design permite cometer muitos erros; sem estragar tudo de vez em quando, você não consegue seguir em frente."*
>
> Alexander McQueen

1 Malhas da Cooperative Designs, Outono/Inverno 2009. Formada pelas designers Annalisa Dunn e Dorothee Hagemann, a Cooperative Designs é uma marca de malhas com abordagem de vanguarda.

Como estudante de malharia, uma de suas tarefas será trabalhar sozinho a partir de um briefing que lhe será dado. Durante o processo, você deve desenvolver ideias conceituais por meio de pesquisas pessoais, da exploração de habilidades técnicas e do desenvolvimento do design. Também deve produzir um bom corpo de trabalho e uma série de propostas de design para avaliação. O briefing esboça objetivos e resultados de aprendizagem do projeto, detalhando o trabalho exigido e explicando métodos e critérios de avaliação. Os projetos devem ser concluídos dentro de um prazo preestabelecido, o que é muito importante para a avaliação.

Os projetos de pesquisa normalmente são dados aos alunos para serem feitos durante as férias, o que lhes permite desenhar a partir de diferentes fontes e reunir uma boa variedade de elementos de inspiração para o desenvolvimento do design no novo semestre. Às vezes, os projetos são relacionados entre si a fim de impulsionar a pesquisa e o desenvolvimento do design em diferentes direções e objetivos, como o design têxtil, de moda ou de interiores.

Este capítulo aborda o processo de design, do briefing de design de malharia às habilidades de pesquisa e análise e ao desenvolvimento do design. Você precisa ter um bom conhecimento de mercado, ter habilidade técnica e boas capacidades de apresentação para conseguir concluir um design.

Desenvolvimento criativo

1 Corpo de pesquisa de Karli Broadbent, inspirado na arquitetura e na paisagem urbana.

O briefing

Seja na universidade ou no curso técnico, ao longo do curso de moda você vai trabalhar a partir de briefings escritos e definidos por professores. Em seu último ano, porém, você vai trabalhar em sua coleção final e, por isso, deve definir o seu próprio briefing de projeto. Ocasionalmente, as empresas da indústria fazem concursos com briefings, que fornecem informações valiosas sobre o mundo comercial. Os objetivos desses projetos são específicos para a marca da empresa e para seu mercado consumidor, o que torna custos e faixas de preço importantes fatores adicionais. Aqueles alunos que conseguem atingir os objetivos desses briefings podem ganhar patrocínio, bolsas, prêmios e viagens de estudos.

Leia atentamente o exercício a seguir, baseado em um briefing dado aos alunos de malharia do primeiro ano do Northbrook College, Inglaterra.

Oficina de design: design de superfície

Selecione um dos temas ao lado para produzir uma coleção de seis a oito amostras. As amostras devem ter, aproximadamente, 30 x 40 cm. Direcione seus designs para a moda ou o design de interiores, indicando seu uso final e apresentando amostras e ilustrações. Sua coleção final deve ter o apoio de um caderno de esboços com desenhos, estudos de texturas, recortes de revistas e testes com máquina de malharia.

Você deve montar dois painéis de inspiração de aproximadamente 30 x 58 cm explicando o esquema de cores e o tema. Também deve realizar um estudo comparativo das tendências atuais em malharia. Para isso, terá que fazer uma breve análise por escrito (250 palavras) das novas tendências em tecidos de malha encontrada em uma loja pertencente a uma cadeia de lojas, uma loja de departamentos e uma marca líder do varejo.

Temas

Textura
Observe bordas; extremos das superfícies; peludas ou lisas? Brilhantes ou foscas? Usam fios com textura, como o mohair, bouclé, raion e lã de cordeiro? Busquei inspiração no ambiente.

Ornamentação
Inclua bordado, contas, paetês, estampas florais, rendas, padrões geométricos, apliques, sobreimpressão e laminação. Busque inspiração em peças vintage.

Propriedades das listras
Variação de escala, repetições, designs intrincados, diagonais, flashes de cores, enfeites e multiplicação. Procure tecidos para camisas e espinha de peixe. Busque inspiração nos ambientes urbanos.

Objetivos do projeto

Familiarizar os alunos com máquinas de malharia.
Incentivar a experimentação usando uma ampla gama de materiais e técnicas.
Produzir uma variedade criativa de ideias de design.
Desenvolver processos e problemas associados ao desenvolvimento do design.
Desenvolver uma série de amostras profissionais de moda.
Demonstrar conhecimento de mercado.
Aprofundar-se na pesquisa de um dado tema.
Incentivar a apresentação criativa do projeto.
Desenvolver o conceito de autoavaliação.

Resultados e trabalho requerido

Os resultados da aprendizagem capacitam o aluno a demonstrar seu conhecimento e habilidades técnicos com malha e sua capacidade de produzir uma pesquisa. Os critérios utilizados para avaliar os trabalhos incluem análise da pesquisa, desenvolvimento criativo, habilidades técnicas, conhecimento de mercado, realização do design, autogestão, apresentação e avaliação. O trabalho necessário para a avaliação é:

Um caderno de esboços com estudos de texturas e pesquisa criativa explorando uma variedade de materiais e cor.
6 a 8 amostras de malha.
Desenhos de moda (ou projetos de interiores).
Dois painéis de inspiração explicando cor, clima e tema.
Análise da pesquisa de mercado em 250 palavras.
Autoavaliação.
Ficha técnica atualizada.

Desenvolvimento criativo

1–2 Cadernos de esboços de Cathrin Evans, que ilustram as fontes de inspiração e o processo de desenvolvimento do design.

Pesquisa

Designers estão sempre procurando e coletando novas ideias e fontes de inspiração. Bons designers precisam ter mentes curiosas para produzir, continuamente, trabalhos novos e contemporâneos. Um caderno de esboços, ou *sketchbook*, é, sob muitos aspectos, um diário visual; por meio dele, é possível ter uma visão sobre a jornada criativa pessoal do designer. Designers desenvolvem uma identidade própria pelo modo com que coletam e processam o material de pesquisa; coletar e processar informações é uma habilidade que deve se tornar algo natural e espontâneo para o profissional ao longo do tempo. Muitos pontos de partida interessantes para o design podem ser encontrados durante uma investigação e uma abordagem individual a um conceito ou tema. Cada novo conhecimento recém-adquirido alimenta a imaginação, levanta novas questões e apresenta caminhos a seguir.

Bibliotecas especializadas são ótimos pontos de partida para a pesquisa. Cursos técnicos e universidades normalmente têm bibliotecas que atendem aos cursos de moda e de desenvolvimento têxtil, oferecendo uma variedade de livros sobre história do vestuário, técnicas de artesanato, moda e tecidos. Fique atento também aos livros esgotados, as revistas novas e antigas e a recortes de jornal. A Internet também é uma grande fonte de pesquisa e de imagens. Alguns designers organizam suas fontes de inspiração e ideias de pesquisa em uma parede ou mural, montando trajetórias visuais com conexões interessantes e sobreposição de imagens, amostras de tecidos e esboços. Outros criam livros de pesquisa e cadernos de esboços, que retratam o processo mental por trás do projeto, do início ao fim. Independentemente da maneira que o designer escolhe trabalhar, os ingredientes são sempre os mesmos: toda pesquisa deve incluir silhuetas, cores, texturas, padronagens, tecidos, adornos e fios, assim como os objetos encontrados, fotografias, desenhos e anotações. A pesquisa torna-se mais pessoal quando é manipulada de alguma forma; trabalhar uma imagem com colagem, caneta ou tinta pode tornar a inspiração única.

Fontes primárias

Desenhar a partir de uma fonte primária ajuda a compreender os detalhes da forma e a proporção. É importante que você procure fontes originais para desenhar, a fim de registrar a imagem de maneira pessoal. O desenho é uma ferramenta valiosa: ele não só permite comunicar ideias aos outros como também pode ser usado para registrar escolhas pessoais. Elementos menores da imagem podem ser analisados; partes de uma imagem podem ser ampliadas ou repetidas. O desenho ajuda a registrar e documentar o processo de desenvolvimento do design. Tire fotografias, faça esboços e destaque elementos com tinta, giz de cera, nanquim ou colagem.

Pesquisa de mercado

A pesquisa de mercado envolve a coleta de uma série de informações sobre tendências visuais, que devem ser usadas para informar e inspirar o seu trabalho e, ao mesmo tempo, refletir a estação e o público-alvo. Você precisa saber quem são os consumidores de seus designs, onde são encontrados, quantos são e se compõem, ou não, um mercado crescente. Também deve pesquisar o preço que eles estariam dispostos a pagar por um produto, se têm preferência por uma marca sobre a outra e, em caso afirmativo, quais e por quê. Vale a pena considerar acessórios de moda na avaliação do mercado.

Oficina de design

Faça uma análise escrita das novas tendências em malharia. Visite diferentes pontos de venda, como uma loja de uma cadeia de lojas, uma loja de departamentos e uma marca líder do varejo:

1. Considere a distribuição da loja – qual é a sensação geral?
2. Existe uma cor predominante? Ela se repete em todas as lojas?
3. Qual é a qualidade da malha? Qual é o acabamento?
4. Existem tendências fortes de ornamentação, tais como o bordado?
5. Os produtos parecem valer o que custam? Qual é a faixa de preço?

Desenvolvimento criativo

Conceitos e temas

Muitas vezes, o designer concentra-se em um determinado conceito ou tema para iniciar o processo de design e dar foco ao projeto. Muitas coleções têm por base um tema narrativo – que vai transmitir um clima e contar uma história. O tema usado normalmente é de interesse pessoal do designer, algum que possa estimular ideias e ajudar a dar um impacto visual à coleção final.

Um conceito ou tema ajuda a manter o conjunto do trabalho unificado, dando-lhe continuidade e coerência. Um bom exemplo de tema narrativo forte é a coleção de Outono/Inverno 2011 What a Merry-Go-Round, de Alexander McQueen. A abertura do desfile aconteceu no escuro, que destacou a iluminação circular de um carrossel em tamanho real. A coleção foi uma mistura de blazers e casacos de inspiração militar com cordas e tranças, chapéus altos com plumas, chapéus estilo *showgirl* combinados com capacetes e blusões pesados em malha preta com imagens de esqueletos. A música arrepiante adicionava suspense e, quando a música mudava, o carrossel começava a girar lentamente. Essa coleção foi dedicada às pessoas que promovem a mudança e a revolução.

Outra maneira de processar o seu trabalho é usando um conceito abstrato, como a conotação de uma palavra. Palavras como envoltório, casulo, ou camada podem ser usadas para sustentar um projeto inteiro e desencadear interessantes pontos de partida para o desenvolvimento. A designer Shelley Fox é conhecida por suas coleções de conceitos abstratos e instigantes. Para sua coleção de Outono/Inverno 2001, ela usou suas agendas como inspiração. A estampa de texto manuscrito foi tirada de uma série de agendas de negócios da designer; algumas páginas foram selecionadas com base em sua composição e montadas para fazer uma estampa. A coleção foi uma mistura de camisas para a noite, cashmeres, estampas gráficas rabiscadas e malhas com tranças gigantes. As cores eram compostas por uma paleta natural de preto, cimento e realces em verde-menta, vermelhos-claros e amarelos-pálidos. Para a coleção Outono/Inverno 1998, a designer usou o conceito do sistema de Braille, que inspirou o uso de marcações em Braille na lã (malha feltrada). A malha foi então transformada em formas geométricas tridimensionais, que foram montadas sobre o corpo.

1 Blusa cinza de lã feltrada com marcas em Braille, de Shelley Fox, Outono/Inverno 1998.
2 Peça de malha da coleção *What a Merry-Go-Round*, Outono/Inverno 2001, de Alexander McQueen.
3 Saia com estampa de texto manuscrito, de Shelley Fox, Outono/Inverno 2001.

O projeto também pode ser desenvolvido a partir de imagens não relacionadas entre si ou de ideias contrastantes, como "natural/ artificial", "urbano/ campestre" ou "real/ ficção". A qualidade do resultado final será determinada pela amplitude, qualidade e individualidade de sua pesquisa inicial e em andamento. Lojas de figurinos, museus, exposições, mercados, feiras de antiguidades, lojas de caridade e férias em outros países podem ser grandes fontes de inspiração. Você precisa ser capaz de explorar plenamente o conceito para criar uma coleção de amostras de malha experimentais e inovadoras, que por sua vez irão gerar ideias para uma coleção final de moda.

Desenvolvimento criativo

1–2 Painéis de apresentação de Amy Dyer, mostrando o desenvolvimento do design e como as fontes de inspiração foram traduzidas em padronagens e amostras de malha.

Desenvolvimento do design

Seus desenhos de pesquisa serão desenvolvidos dentro de ideias de padronagens e texturas, que devem inspirar suas malhas e coleções de moda. Reúna painéis de inspiração, ou *mood boards*, com os elementos selecionados de sua pesquisa para ajudar a organizar seus pensamentos e ordenar as ideias. Os painéis de inspiração são uma ferramenta essencial na indústria, para a venda de projetos e a contratação de trabalhos. Eles são uma maneira de apresentar visualmente o seu projeto; devem falar por si sós ao demonstrar o tema, a cor e o clima do projeto ao seu cliente, sem que você precise dar explicações, e devem despertar o interesse. Selecione com rigor as imagens para usar em seu painel: cada fotografia, ilustração e tecido devem ser perfeitos; se não forem, você deve fazer com que sejam. Tente incluir arte original; se estiver usando imagens coletadas, como fotografias de outras pessoas e recortes de revista, manipule-as – mude a cor, pinte sobre elas, sobreponha-as e distorça-as. Como regra geral, menos é mais, portanto, tente não sobrecarregar seu painel. Não há regras para o layout dos painéis de inspiração, mas eles tendem a ficar mais bonitos com bordas simples.

Comece a explorar as possibilidades criativas transformando suas imagens de pesquisa em testes com amostras de malha. Por exemplo, um pedaço de tecido pode ser a inspiração para uma padronagem; uma toalha de plástico pode inspirar uma malha rendada. Deixe o projeto o mais autoral possível. A partir de sua pesquisa, você deverá construir e testar usando uma variedade de técnicas. Além de estilos de desenho tradicionais e experimentais, considere fazer manipulações em papel e tecido; reúna e crie texturas com máquina de costura, bordado, sobreposição e dobras. Trabalhe tanto da maneira bidimensional quanto tridimensional para produzir resultados diferentes para o design. Considere a silhueta e tente brincar com a escala: por exemplo, um guardanapo dobrado poderia inspirar a forma de uma manga. Reveja e avalie o seu trabalho de investigação, extraia os resultados de maior sucesso e desenvolva-os em uma série de amostras de malha.

1

2

Pesquisa > **Desenvolvimento do design** > Cor

Desenvolvimento criativo

Amostras de malha

A próxima etapa de sua pesquisa em malhas é começar a amostragem, combinando fios coloridos e texturizados com a construção do ponto. Use seus painéis de inspiração e resultados de pesquisa para extrair texturas, padronagens e silhuetas. Testes com recortes de papel podem se tornar modelos para cartões perfurados. Testes com tecido alinhavado podem inspirar listras ou entrelaçados. O desenho de uma abertura de ventilação no metrô pode ser o início de uma transferência de pontos de malha ou padronagem parcial de renda. Para criar uma série de amostras interessantes, você precisa reunir uma boa mistura de fios de diferentes cores, texturas e espessuras. Teste um mesmo tipo de ponto ou padronagem com diferentes fios e tensões; tente misturar fios em listras ou blocos de cores, ou usar texturas contrastantes, como fio grosso com fino, translúcido com opaco, brilhante ou ambos. Dedique o tempo que for preciso para fazer amostras, selecionar e testar ideias; esse processo vai muito além de tricotar em diferentes cores.

Quando tiver uma boa ideia de quais fios funcionam bem com quais técnicas, você pode começar a explorar a mistura de construções de pontos. Você pode misturar vazados de renda com malha parcial, ou ponto retido com entrelaçado, ou ainda pode adicionar uma listra parcial. Será preciso alterar a tensão sobre a máquina para acomodar fios diferentes, o que exige paciência e muita prática no início.

Depois de ter explorado todas as opções, você precisará decidir quais ideias desenvolver para chegar aos resultados finais. Enquanto edita e prioriza uma seleção de suas primeiras amostras, você pode descobrir que algumas amostras já funcionam bem juntas como uma coleção e se tranduzem bem em ideias para vestuário. Qualquer evolução das primeiras amostras que será utilizada nas suas coleções finais deve ser adicionada ao seu livro de pesquisa. Embora a malharia seja versátil, tenha em mente a qualidade das malhas ao projetar sua coleção de moda. Malhas drapeadas e macias, por exemplo, são adequadas para vestidos; malhas grossas com gramaturas pesadas podem ser usadas para casacos. Acima de tudo, malhas e designs devem capturar o espírito do projeto. Sua coleção deve ser um reflexo do cliente e do mercado e deve ser adequada à estação para a qual se destina.

1

Oficina de design

As amostras de malha devem ter aproximadamente 50 pontos de largura e 10 centímetros de comprimento. Pense nisto:

1. Escolha uma construção de ponto, como retido, reverso, Fair Isle, transferência ou malha parcial.
2. Brinque com os extremos de tensão.
3. Use cores diferentes. Tente usar texturas diferentes.
4. Explore uma combinação de pontos.

Construa uma ficha técnica com notas sobre as diferentes tensões, fios e técnicas. As primeiras amostras também devem ser mantidas na ficha técnica como uma fonte útil de referência.

1–3 Seleção de amostras de malha de Sarah Nicholls (1) e Ruth Carpenter (2-3). Estas amostras ilustram como os designers usam suas pesquisas para desenvolver texturas e padronagens.

2

3

Cor

1–4 Páginas de cadernos de esboços de Lucy Faulke (1-2) e Ruth Carpenter (3-4), que mostram combinações de cores usando amostras de fios e tintas.

No início de um projeto, você deve estabelecer uma paleta de cores e criar um painel de inspiração de cor. Para que seja possível fazer ajustes, é uma boa ideia ter um painel de trabalho no início e um painel pronto no fim do projeto. As cores são ferramentas essenciais para quem trabalha na indústria da moda. Você vai precisar desenvolver um bom senso de cor e estar atento às tendências.

Colecionar amostras de cor é uma ótima maneira de desenvolver a consciência de cor. Isso dá a oportunidade de aprender sobre a cor em relação à proporção e de compreender como as cores reagem quando colocadas lado a lado. Teste combinações de cores para listras enrolando fios de cores diferentes em peças de cartão estreitas – isso permite ter uma ideia do resultado final e ajuda a escolher não só a largura da listra, mas também o número de cores a usar em uma padronagem. Efeitos semelhantes podem ser alcançados com tinta e diferentes larguras de corte ou tiras de papel colorido costuradas, colocadas lado a lado.

As opiniões sobre o uso de cor e padronagem variam de pessoa para pessoa, mas a maioria concorda que certas cores têm associações comuns. Tendemos a associar algumas cores à vida urbana e outras à rural; alguns de nós pensam em cores quentes, outros em frias. Esses pressupostos afetam a nossa resposta ao trabalho, assim como gostar ou desgostar de uma cor pode resultar no sucesso ou fracasso de um design. Muitas peças de tricô históricas são atraentes por suas complicadas técnicas manuais, mas a cor é igualmente importante: as cores de uma malha Fair Isle, por exemplo, devem ter uma combinação visual atraente. Há muitas maneiras de combinar cores: você pode preferir cores com uma aparência mais desgastada, tais como tons suaves do preto ao cinza e tons de marrom ao bege; ou pode preferir cores fortes e vivas com padronagens para enfatizar os contrastes. Às vezes é útil desafiar suas preferências – tente sair de sua zona de conforto, optando por trabalhar com cores que você normalmente preferiria não trabalhar.

1

2

3

4

Desenvolvimento do design > **Cor** > Forma escultural

Desenvolvimento criativo

1–2 Informações de tendências de cor são exibidas em feiras como Pitti Filati (1) e Première Vision (2).

Previsões de tendências de cor

Há muitas empresas e escritórios de previsões de tendências de cor que predizem as cores a cada temporada para diferentes segmentos da indústria da moda, como lingerie, couro, calçados, acessórios e assim por diante. Designers e compradores de produtos também são responsáveis pela previsão de cor. Os escritórios grandes empregam equipes de pessoas para produzir painéis de inspiração de previsões de cor. O processo de previsão de tendências de cor envolve prever grupos de cores e dividi-los em categorias temáticas, com descrições das cores e de climas para a promoção. Fabricantes de fibras e fios compram as informações de tendências de cor para auxiliá-los na confecção de suas cartelas de cores, que por sua vez também servem como pacotes de previsão.

Fabricantes de tecidos e malhas escolhem então suas cores a partir tanto das empresas de previsão de cor como das cartelas de cores de fios e fibras. Essas informações normalmente são disponibilizadas em feiras de negócios, tais como Pitti Filati, em Florença, e Première Vision, em Paris.

O consumidor pode ser influenciado pelas tendências de cor anunciadas em revistas, mas no final, as previsões de cores só são eficazes se o consumidor comprar o produto.

Oficina de design

Experimente fazer combinações incomuns de cores. Busque inspiração em arte, tecidos, amostras de papel de parede e papel de presente. Analise as combinações de cores e decida se as combinações funcionam ou não – e por quê.

Experimente montar pares contrastantes – eles podem ser sutis ou dramáticos. Crie combinações com três, quatro, cinco e seis cores.

Tente combinar tons semelhantes. Você pode testar vários tons de uma mesma cor e depois adicionar uma única carreira de contraste.

Explore padronagens em tons neutros, brancos, *off-whites*, beges e cinzas.

Produza um conceito de cor; por exemplo, tente combinar o delicado rosa antigo, ouro e marfim para uma paleta vintage.

Desenvolvimento criativo

1. Criação no busto, de Sophie Brown, usando toiles de morim e jersey.
2. Design com cordão encerado, de Derek Lawlor. Derek adapta técnicas como a malharia para criar suas peças esculturais.

Forma escultural

Uma abordagem tridimensional ao trabalho considera estrutura e forma, proporção, volume e peso. Ela transforma o seu design de tecido em ideias de vestuário. Essa é uma pesquisa extremamente importante, e o processo de design deve ser documentado em cadernos de esboços durante todo o projeto por meio de anotações, esboços e fotografias.

Usando a sua pesquisa, começe a traduzir as formas em peças montadas parcialmente ou em escala 1:4 e manipule moldes de roupas para ter ideias de formas para mangas, golas, etc. Muitas ideias para forma e estrutura podem ser testadas com um manequim, um toile de jersey com elastano, amostras experimentais de malha, moldes em papel e uma caixa de alfinetes. Como designer, você precisa entender o comportamento da malha sobre o corpo, então experimente com vários tecidos de jersey com elastano a fim de encontrar um peso semelhante ao da malha final. A modelagem da forma e o desenvolvimento da malha devem ocorrer simultaneamente, pois um afeta diretamente o outro. Se seu ponto de partida é um conjunto de amostras de malha já produzida, então a construção de suas roupas será determinada pelo peso e estrutura dessa malha.

Cor > **Forma escultural** > Apresentação e avaliação

Desenvolvimento criativo

1–3 Páginas do portfólio de Lucy Faulke, mostrando o desenvolvimento de designs esculturais no busto.

Processo de design

Você pode incorporar aspectos estruturais interessantes em suas técnicas de confecção de malhas para direcionar suas ideias de design. Por exemplo, uma peça de malha com maior elasticidade poderia ser usada onde essa característica pode ajudar no design, como na cintura ou na curva das costas. Técnicas de confecção de malhas e padronagens devem ajudá-lo no ajuste da peça. Amostras de malha grandes podem ser enroladas no manequim para criar seções de roupas; esse método de criar forma é especialmente eficaz quando o tecido apresenta uma técnica de malha parcial. Muitas pregas e drapeados inusitados podem ser obtidos enrolando e drapeando a peça assimetricamente. As partes da roupa que faltam podem ser preenchidas com toile de jersey e transformadas em moldes, que então serão tricotados. Cada etapa fornece informações importantes para o desenvolvimento de seus designs.

Observe como a malha se comporta quando é modelada no corpo e desenhe suas peças de acordo. Você vai conseguir os melhores resultados quando se envolver totalmente no processo, trabalhando sempre entre a modelagem 3D no manequim e a produção de amostras na máquina, e testando elementos de ajuste e caimento, que alteram e corrigem as peças, para chegar ao tamanho, à escala, ao peso ou à forma desejados.

1

Cor > **Forma escultural** > Apresentação e avaliação

Desenvolvimento criativo

1   Gola escultural, de Juliana Sissons. Fotografia de Mitchell Sams.
2   Portfólio de Victoria Hill, mostrando o desenvolvimento de designs esculturais no busto.

Criando volume

Todas as malhas podem ser moldadas em torno do corpo, mas considere o peso do tecido ao criar volume. Jerseys leves podem moldar-se em pregas suaves, mas a malha volumosa pode ser sólida e pesada.

É possível construir facilmente estruturas grandes com fios grossos e agulhas grandes em uma máquina de galga grossa. Também é possível criar volume e forma por meio da repetição: camadas sobrepostas de malha fina podem ser usadas para criar silhuetas grandes de volume leve como pluma. Técnicas de drapeados, babados e pregas são outra maneira de dar volume e forma a malhas leves.

Criar roupas e fazer moldes acontecem por uma combinação de procedimentos e pontos de partida. Assim como um escultor, você pode preferir começar com a ilustração de uma roupa ou o esboço de uma ideia, ou então pode trabalhar diretamente em um manequim com um tecido de jersey com elastano, modelando e alfinetando várias seções para atingir o efeito e a silhueta desejados. Esse método oferece uma visão mais imediata das proporções e dos detalhes do design de uma peça de roupa (você pode riscar no toile qualquer alteração que fizer nas linhas de costura, colocação de bolsos, aberturas do pescoço, etc.), antes de você começar a desenvolver o peso e a maleabilidade da malha.

My idea: by slicing up an area of the painting into a section it created an interesting shape as seen on the right →
The shape looks quite agressive, sharp, fierce and edgy which is similar to the characteristics of the personality Poppy.
I placed the pattern pieces that I printed out over the body which is shown in the pictures on the following pages.
The idea would be to develop it into a jacket made out of laser cut leather / high quality lenetter felted fabric.

FRONT BACK Left side Right side

Desenvolvimento criativo

Apresentação e avaliação

No final de um projeto, você terá que exibir e apresentar seu trabalho para um grupo de discussão e avaliação. Isso dará oportunidade de você desenvolver suas habilidades de apresentação, fazer uma autorreflexão crítica, discutir e aprender com o trabalho de seus colegas, compartilhar experiências, receber críticas construtivas (e oferecê-las aos outros) e desenvolver a capacidade de expressar suas intenções de design. Uma autoavaliação por escrito oferece a chance de você colocar no papel suas reflexões sobre o processo do projeto (seu desempenho e desenvolvimento) e seu trabalho.

1 Amostra de Annabel Scopes, projetada com o software DesignaKnit.

2 Amostra de Annabel Scopes, feita em uma máquina Dubied de galga grossa. As agulhas da frontura da frente foram transferidas para a frontura de trás para criar a padronagem.

Apresentação de provas e amostras

Amostras de malha podem ser anexadas aos cabeçalhos de exibição, que são peças estreitas de cartão que se dobram sobre a parte superior da amostra, permitindo que o tecido fique pendurado livremente. As amostras também podem ser montadas em folhas de apresentação, feitas a partir de cartões de gramatura média, ou em painéis de montagem. As amostras podem ficar separadas das ilustrações de design, mas, em muitos casos, as ilustrações prontas são desenhadas sobre os painéis de montagem, mostrando o design final.

Provas de malha podem ser montadas em painéis de desenvolvimento de design, que funcionam como extensões visuais dos seus cadernos de esboços. Um painel de desenvolvimento de design deve documentar as diferentes fases do trabalho, incluindo desenhos, diagramas e fotografias de seus trabalhos tridimensionais, para ilustrar o seu processo e, ao mesmo tempo, permitir a interação com sua visão de design.

Escolha as melhores provas para a apresentação; qualquer prova adicional pode ser colocada em seu arquivo técnico ou caderno de esboços. Uma seleção de provas de malha fica bem apresentada quando anexada aos painéis de inspiração, uma vez que tema e cor podem ser comunicados por meio da intensidade do ponto. Por exemplo, uma malha em pontos justos e fios grossos, com blocos de cores vivas, sugeriria um clima e temática de cor diferentes do que uma renda em malha aberta de fios finos em delicados tons pastéis.

Lembre-se de não colar as amostras por inteiro – as malhas precisam ser manipuladas para avaliação.

Desenhos de moda

Você precisa ser capaz de comunicar suas ideias de design de forma eficaz, escolhendo o estilo de ilustração mais adequado para o seu trabalho. A visão de frente e costas é, muitas vezes, necessária para obter uma imagem completa. As ilustrações de seu projeto, que serão adicionadas aos painéis de apresentação, devem ser claras, mas também devem mostrar detalhes de textura e design. Materiais de inspiração podem ser incluídos no painel de apresentação, reforçando o clima da coleção. Escala e proporção são importantes: as ilustrações devem representar a dimensão correta, e a silhueta deve ser exata.

Desenhos técnicos planos podem ser adicionados ao painel de apresentação ao lado de ilustrações mais criativas. Esses desenhos planos são geralmente chamados de desenhos de especificação ou desenhos técnicos e são usados na indústria da moda para comunicar informações para o cortador dos moldes, o operador de máquinas ou o tecelão. Esses desenhos descrevem com precisão como as peças de roupa são construídas, mostrando proporções precisas e posicionamento das costuras, dos bolsos, dos fechos e dos detalhes do decote. Esses desenhos técnicos ou de trabalho também devem ser mantidos em sua ficha técnica, juntamente com as medidas, detalhes de fios, custos, amostras e instruções para a padrongem.

2

Desenvolvimento criativo

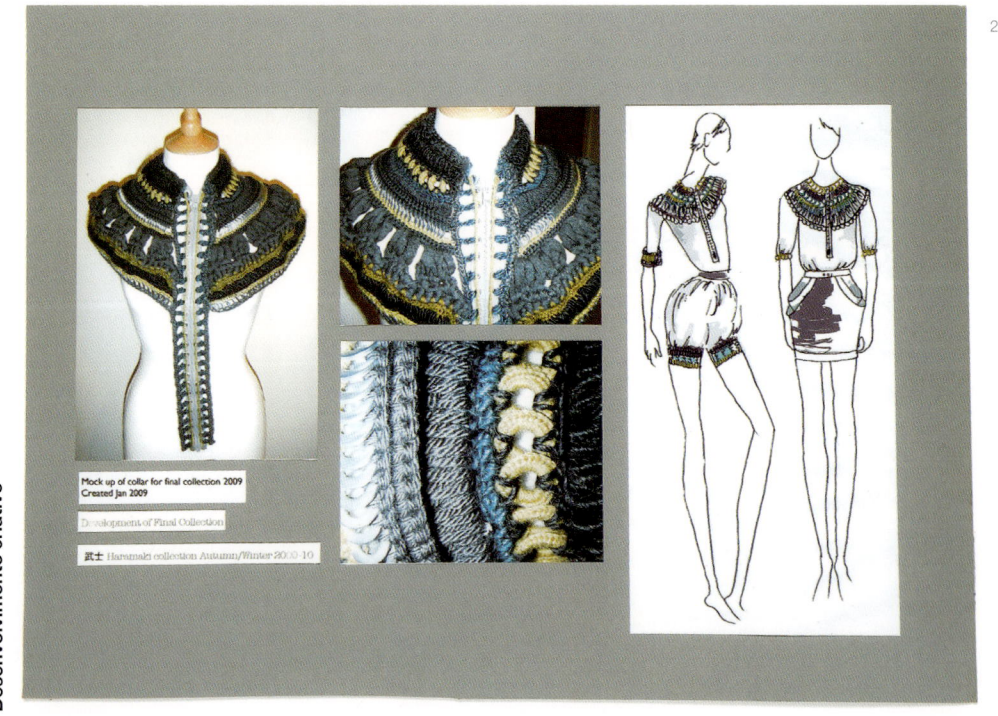

Autoavaliação

O objetivo da autoavaliação é aprender com a experiência. Isso irá ajudá-lo a adaptar, modificar e desenvolver estratégias para ações futuras, a fim de melhorar seus métodos de trabalho e os resultados do design. Se você avaliar e planejar dessa forma, não só irá melhorar seu desempenho total, mas também se tornará mais independente e começará a assumir a responsabilidade por sua própria aprendizagem.

Seu caderno de esboços é um bom ponto de partida. Cadernos de esboços que foram desenvolvidos durante todo o projeto deverão promover uma explanação reflexiva juntamente com o trabalho de design. Uma página deve se relacionar com a outra, contando uma história e documentando a sua exploração. Deve ser algo altamente pessoal e individual para você, suas inspirações e métodos de trabalho.

Cada estágio da pesquisa e desenvolvimento do design é importante, dos desenhos bidimensionais e moldes ao trabalho tridimensional com tecido; das amostras experimentais de malha às amostras prontas. A combinação desses diferentes elementos vai lhe dar uma visão mais clara sobre o conceito de design, ajudando a formar um bom método e formato de trabalho que possa ser desenvolvido para todos os projetos conceituais.

Enquanto está em seu curso, você deverá mostrar um desenvolvimento de seu autoconhecimento e da compreensão de seu trabalho e de seus métodos de trabalho. Você deverá direcionar seu próprio progresso e identificar seus pontos fortes e áreas a desenvolver.

Oficina de design

No final de um projeto, faça as seguintes perguntas:
A sua pesquisa lhe inspirou?
Você fez pesquisa primária suficiente?
Explorou as partes mais interessantes de sua pesquisa?
Exauriu cada percurso criativo e tirou o máximo proveito de suas ideias?
Ficou feliz com a sua paleta de cores?
Sentiu-se inspirado com sua escolha de fios?
Promoveu os processos e as técnicas escolhidas e explorou novos caminhos?
Suas amostras de malha são adequadas para suas ideias de design?
Sua coleção de moda representa a estação especificada?
A coleção é adequada ao público-alvo?
O que você aprendeu?
O que você teria feito diferente?
O que você vai fazer depois?
Que ideias desenvolveu até agora e quais gostaria de levar adiante?

1–2 Painéis de apresentação de Lucy Faulke, mostrando designs finais, desenhos e desenvolvimento do design.

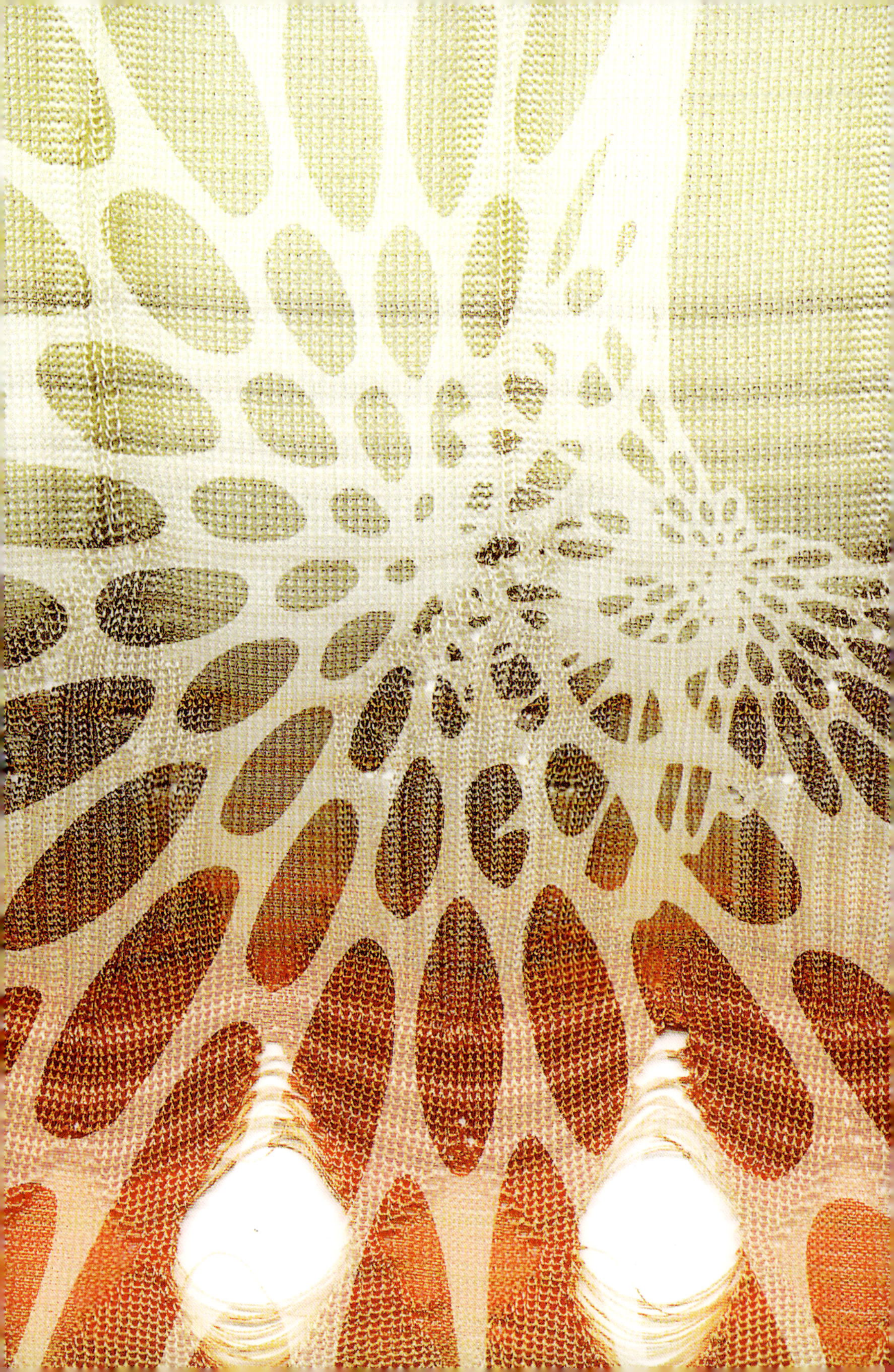

> *"A essência e a beleza da malha estão no fato de o designer inventar tudo do zero; ele cria o ponto, o manuseio, o peso e escolhe a cor, decidindo a textura e a forma ao mesmo tempo, manipulando os seus próprios acabamentos e detalhes."*
>
> Li Edelkoort

1 Design de superfície em renda, de Katie Laura White.

Efeitos tridimensionais na textura da superfície podem ser criados pela combinação de técnicas de pontos e diferentes gramaturas de fios. Tendo dominado as variações básicas de pontos e técnicas de padronagem, você pode realmente começar a experimentar com a malha. No Capítulo 3, analisamos o uso da padronagem e da textura na construção com técnicas básicas de confecção de malhas em máquinas domésticas. Há exercícios com listras e mudanças de tensão, padronagens, rendados modernos e efeitos de textura, como tranças e entrelaçados.

É importante manter uma ficha técnica, que servirá de auxílio constante ao longo de seus estudos. Além disso, reúna e registre todas as suas amostras de tensão de malha, juntamente com notas da qualidade das malhas e da adequação ao design. Você deve saber usar sua ficha técnica para reproduzir as amostras, se necessário; a ficha será um recurso pessoal permanente, e você deve continuar atualizando-o a cada novo projeto.

Construindo com padronagem e textura

Amostra de tensão

1. Amostras de tensão em malha com escadas e espaços abertos.
2. Fazer amostras de tensão permite calcular o número de carreiras entre cores diferentes, como mostrado aqui.
3. Estas amostras misturam malha canelada e diferentes tamanhos de pontos.

É muito importante conseguir a tensão correta durante a confecção de uma peça de malha, por isso a amostra de tensão é fundamental para corrigir o tamanho e a qualidade da malha. A amostra permite calcular a quantidade de pontos para a montagem, a quantidade de carreiras a fazer e a quantidade de agulhas necessárias para aumentar ou diminuir a malha durante a confecção. Se sua peça envolve trabalho com rendados ou mudanças de técnica na mesma malha, esses detalhes precisarão ser reproduzidos na amostra de tensão; muitas vezes, várias amostras de tensão são feitas para uma só peça de vestuário.

Ao utilizar uma padronagem existente, a medida da tensão será fornecida com as instruções da padronagem. Um conjunto de medidas como 30 pontos e 40 carreiras para 10 centímetros, por exemplo, significa que você precisa montar 30 agulhas e fazer 40 carreiras para conseguir 10 centímetros quadrados de malha. Se a medida de tensão não corresponder à tensão da amostra, seu trabalho pode não se ajustar corretamente, e você terá que variar as configurações de tensão. É importante registrar essas amostras de tensão, juntamente com os detalhes de fio e finura da máquina usados, para referência futura.

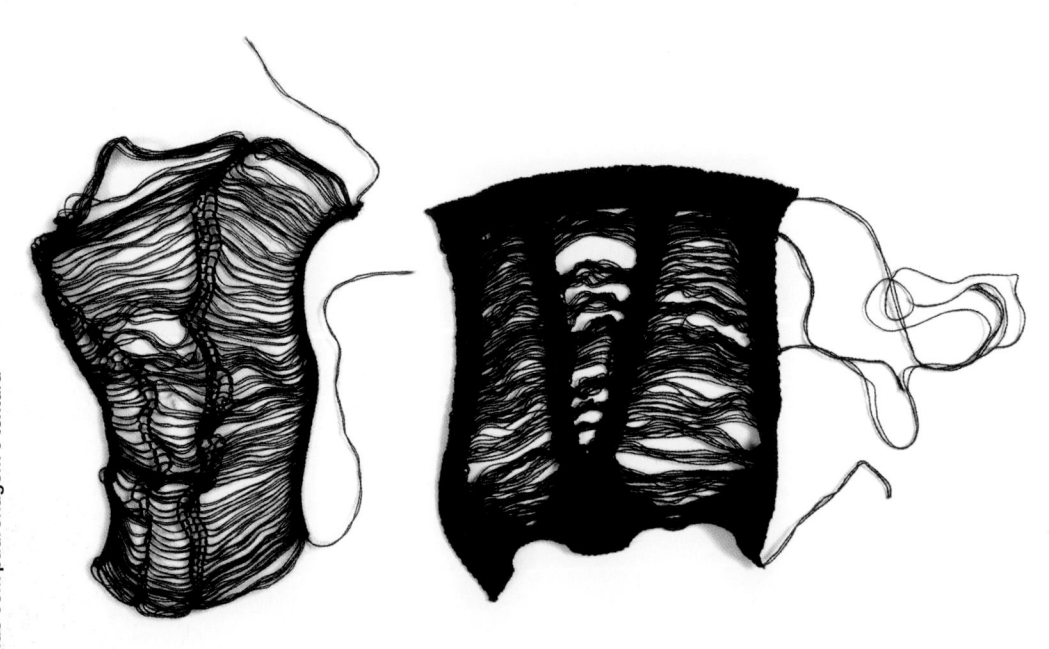

66 / **67**

2

3

Amostra de tensão > Técnicas básicas

Construindo com padronagem e textura

Fazendo amostras de tensão

Existem várias maneiras de fazer amostras de tensão, e a maioria das pessoas encontra uma maneira que melhor se adapta às suas necessidades. Aqui estão duas das formas mais comuns: medir a tensão e calcular um quadrado de tensão.

Cálculo de carreiras por centímetro
50 carreiras = 13,5 cm
100 carreiras = 27 cm
100 / 27 = 3,7
3,7 carreiras = 1 cm

Cálculo de pontos por centímetro
50 pontos = 15 cm
100 pontos = 30 cm
100 / 30 = 3,3
3,3 pontos = 1 cm

Medindo a tensão

1. Faça uma amostra de aproximadamente 80 agulhas de largura e 20 cm de comprimento, usando o fio que você selecionou para a peça de roupa. Anote quantas carreiras você fez. (Nota: se está seguindo um conjunto de medidas de tensão, você vai precisar montar 20 ou mais agulhas e fazer cerca de 30 carreiras a mais, de modo que a amostra fique mais larga e longa do que a medida de tensão fornecida; o motivo é que os pontos da borda podem ficar distorcidos.)
2. Retire a amostra da máquina, lave-a ou vaporize-a e coloque-a sobre uma superfície plana. Finalize-a da mesma forma que você vai finalizar a peça de roupa.
3. Escolha uma área da amostra em que a malha pareça uniforme, mas cuide para que não fique perto de uma borda, onde pode estar distorcida.
4. Meça 10 cm na largura e marque os pontos com alfinetes. Conte o número de pontos entre os alfinetes. Para calcular o número de pontos por centímetro, divida o total por 10.
5. Meça 10 cm no comprimento e marque as carreiras com alfinetes. Conte o número de carreiras entre os alfinetes. Para calcular o número de carreiras por centímetro, divida o total por 10.
6. Anote a finura da máquina juntamente com o tipo, a espessura, a cor e a marca do fio (é uma boa prática anotar isso em uma etiqueta e anexá-la à amostra). Isso permitirá que você reproduza as amostras de tensão em uma fase posterior.

Muitas amostras de malha feitas em seus testes podem também funcionar como amostras de tensão para padronagens em diferentes texturas. Mas lembre-se, quando combinar a sua amostra de tensão com medidas de tensão fornecidas (como 30 pontos e 40 carreiras para 10 cm), as medições devem estar corretas. Se os 30 pontos medem menos que 10 cm, então a malha está muito apertada e terá de ser novamente tecida em uma tensão mais frouxa ou em uma máquina de finura maior. Se os 30 pontos medem mais de 10 cm, a malha está muito solta e terá de ser refeita em uma tensão mais apertada ou em uma máquina de finura menor. Da mesma forma, se 40 carreiras medirem mais ou menos 10 cm, então a tensão terá que ser ajustada de acordo.

1 Amostras de tensão de Annabel Scopes, mostrando uma combinação de técnicas de pontos.

Calculando um quadrado de tensão

Outra maneira de fazer amostras de tensão é medir a partir de um quadrado de 50 agulhas e 50 carreiras para calcular a quantidade de pontos e carreiras por centímetro. Essa informação é usada na elaboração padrões para malha.

1 Alimente a máquina com fio de sobra; esse fio pode ser do mesmo tipo e gramatura do fio destinado à peça final, mas em uma cor contrastante.
2 Monte cerca de 80 agulhas na máquina; com isso, a largura será maior do que as 50 agulhas necessárias, e você poderá evitar os pontos distorcidos nas bordas.
3 Faça 15 ou 20 carreiras com a sobra de fio.
4 Mude para o mesmo fio que você vai usar na peça e faça 50 carreiras. É uma boa ideia fazer uma pausa em 25 carreiras e colocar marcações no meio da amostra para indicar onde os 50 pontos estão. As marcações podem ser feitas enganchando um fio de cor contrastante nas agulhas 1 e 50.
5 Volte para a sobra de fio e faça 15 ou 20 carreiras antes de rematar.
6 Lave ou vaporize a amostra de tensão e deixe-a descansar.
7 Coloque a sua amostra de tensão em uma superfície plana, pronta para medições e cálculos. Se, por exemplo, 50 carreiras medirem 13,5 cm, podemos supor que 100 carreiras mediriam 27 cm. Para calcular o número de carreiras em 1 cm, divida 100 por 27, o que equivale a 3,7 carreiras por centímetro. Assim, se 50 pontos medirem 15 cm, podemos considerar que 100 pontos mediriam 30 cm. Para calcular o número de pontos em 1 cm, divida 100 por 30, resultando em 3,3 pontos por centímetro.

Nota: como não é possível fazer 3,7 carreiras ou 3,3 pontos, a medida final deve ser arredondada para cima ou para baixo.

Construindo com padronagem e textura

Técnicas básicas

Como iniciante, você precisa aprender uma série de técnicas básicas. Montar, rematar e pegar pontos soltos são efeitos produzidos à mão que sempre aparecem de uma forma ou de outra; eles também podem ser usados em combinação com outras técnicas para obter resultados interessantes. Vale a pena investir algum tempo para praticar essas habilidades fundamentais, de modo que você possa usá-las com confiança em suas malhas.

Há muitas maneiras de montar e rematar, e cada uma delas cria bordas únicas e detalhes visuais no acabamento. Técnicas de montar e rematar não são usadas apenas no início e no final de uma malha, elas também são usadas na modelagem, em técnicas de renda e em casas de botão.

Confecção final de barra (método manual)

1. Passe o fio através da mola de tensão e do disco. Puxe o fio para baixo do lado esquerdo da máquina.
2. Mova o número necessário de agulhas para a posição de descanso (quando as agulhas são empurradas para a frente na frontura o máximo que puderem).
3. Faça um nó frouxo e coloque-o na ponta da agulha da mão esquerda. Com o carro do lado direito, trabalhe da esquerda para a direita, enrolando o fio no sentido anti-horário (isso é conhecido como "e-wrap").
4. Depois de envolver a última agulha da direita, enfie os fios para dentro do carro.
5. Coloque o carro para tecer. Mova as agulhas para fora novamente e repita o processo até que haja carreiras suficientes para que se possa pendurar pesos nelas. Teça o comprimento necessário.

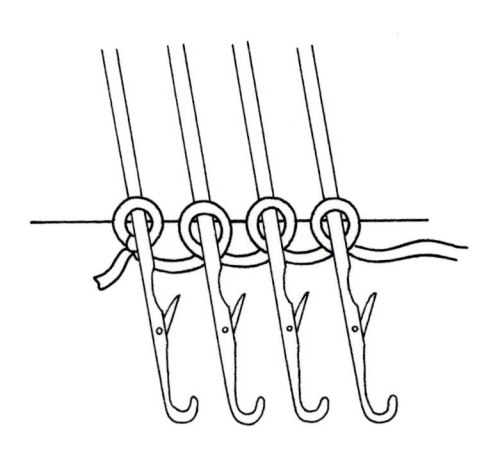

Confecção automática sem uso do pente de montagem (confecção final)

1. Enfie o fio através da mola de tensão, do disco e do carro no lado direito da máquina.
2. Mova o número necessário de agulhas para a posição de trabalho.
3. Teça uma carreira com fio de sobra. Segure uma extremidade do fio ao mesmo tempo que move o carro. O resultado se parecerá com uma carreira de laçadas.
4. Coloque um pedaço de fio de nylon através das laçadas, entre as agulhas e os ganchos de topo (a carreira de grampos ao longo da frente da frontura de agulhas). Segurando as duas extremidades do fio de nylon firmemente em uma mão, puxe para baixo.
5. Mantendo o fio firmemente no lugar, faça 10 carreiras ou mais até que a malha seja loga o suficiente para pendurar pesos.
6. Remova o fio de nylon puxando-o gentilmente por uma extremidade. Continue o processo ou mude para o fio desejado.

Montagem

Duas técnicas de montagem úteis incluem a "confecção final de barra" à mão, que não se desmancha porque cria uma borda firme e sólida; e a "confecção automática sem o uso do pente de montagem", que produz uma extremidade aberta de laçadas que podem ser tecidas mais tarde ou viradas para cima para fazer uma bainha.

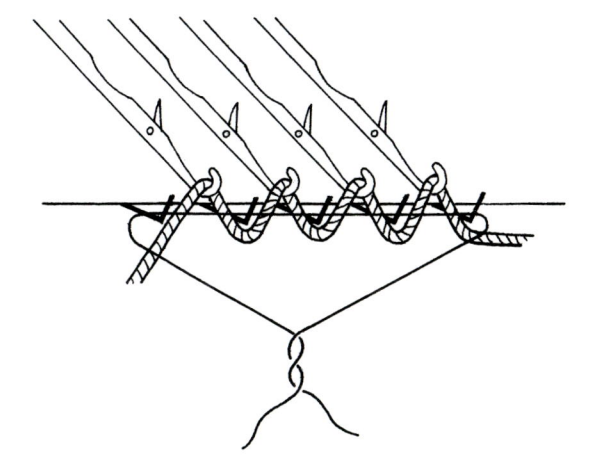

Posições das agulhas

Há quatro posições de agulha na maioria das máquinas domésticas de malharia (embora a Passap tenha duas). Em cada extremidade da frontura de agulhas encontra-se um conjunto de letras gravadas: A, B, C e D em uma Knitmaster; A, B, D e E em uma Brother. Para operar as agulhas, você precisa alinhar os pés das agulhas com as letras. As posições são as seguintes:

- A: as agulhas estão em posição de não trabalho e não tecem (NWP – non-working position)
- B: as agulhas estão em posição de trabalho (WP – working position)
- C (D para Brother): as agulhas estão em posição de trabalho superior (UWP – upper working position)
- D (E para Brother): as agulhas estão em posição de descanso (HP – holding position) e não tecem, a alavanca de retenção está acionada.

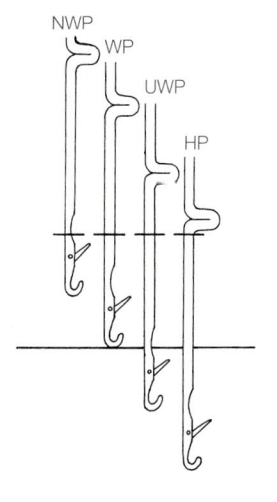

Construindo com padronagem e textura

Remate

Ao terminar um pedaço de malha, todos os pontos devem ser segurados com uma borda firme. Assim como a montagem, existem várias formas de rematar. O método a seguir requer o uso de um transportador. Pode ser mais fácil de remover o fio da unidade do carro e tensão, mas se não for, puxe o fio para baixo através do alimentador para tirar a tensão. Sempre remate a partir do mesmo lado do carro.

Técnica de remate

1. Coloque o transportador na primeira agulha. Puxe e empurre para trás de modo que o ponto se mova para o transportador.
2. Coloque o ponto na próxima agulha (atrás ou na frente dos ganchos de topo). Puxe essa agulha para fora para que os dois pontos fiquem para trás da lingueta da agulha.
3. Tire o fio do alimentador e posicione-o na cabeça da agulha, mas na frente da lingueta. Puxe a agulha de volta para fazer um novo ponto. Dois pontos foram feitos em um e um ponto foi rematado.
4. Repita esse processo até o final da malha. Remate o último ponto puxando o final do fio cortado através do ponto.

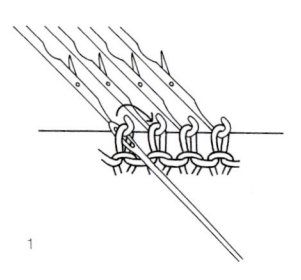

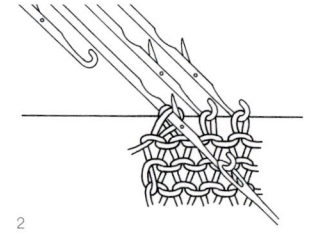

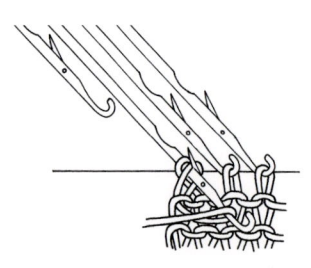

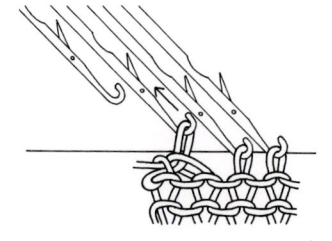

1

2

3

4

Reformando pontos

Para reparar um ponto falhado, você precisa usar um remalhador e reformar o ponto à mão. Se um ponto falhou em várias carreiras, ele pode ser remalhado.

Reformando um ponto falhado

1. Insira um remalhador atrás da malha, diretamente no ponto abaixo do ponto que precisa ser reformado.
2. Empurre o remalhador para a frente, permitindo que o ponto caia para trás da lingueta. Pegue o próximo fio falhado com a cabeça e puxe o remalhador para trás, fechando a lingueta com o fio dentro dela.
3. Puxe o remalhador mais para trás, de modo que o ponto deslize para baixo sobre a lingueta fechada, formando um ponto novo na cabeça.
4. Continue a pegar mais pontos falhados, sempre pegando aqueles diretamente acima do ponto feito.
5. Quando chegar ao topo, use um só remalhador para colocar o ponto de volta na agulha (ver ilustração abaixo).

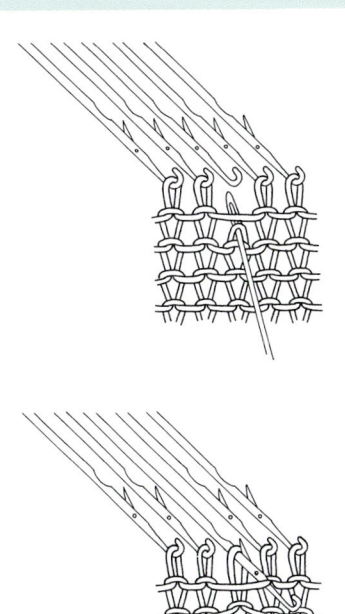

Ficha técnica

Depois de dominar a montagem básica e as técnicas de confecção de malhas mais simples, você fica mais à vontade com a máquina e o seu funcionamento. Anote suas descobertas na ficha técnica, que, idealmente, deve conter:

- Como funciona a máquina de malharia, a função do carro, etc.
- Cuidados e manutenção da máquina.
- Amostras de padronagens produzidas manualmente: teste de tensão, listras, vazados em renda, escadas e detalhes de acabamento, tais como bainhas e casas de botão.
- Amostras de padronagens em cartões perfurados ou folhas milimetradas, como o Fair Isle ou os pontos omitido e retido.
- Amostras de malha canelada, como canelados de tamanhos diferentes feitos em máquina de dupla frontura e ribanas falsas feitas na máquina de monofrontura.
- Padronagens e amostras relacionadas ao design; por exemplo, ideias para partes da peça, como um punho ou uma gola.
- Ilustrações e gráficos relacionados às amostras.
- Padronagens gráficas usadas para designs de Fair Isle ou construção de pontos.
- Anotações e moldes de malha para a fabricação de roupas, tais como modelagem para malhas *full fashion* (em que a forma e o contorno do ombro e do busto é feita inteiramente na máquina).
- Informações de CAD (computer-assisted design - design assistido por computador) e qualquer trabalho relacionado, como impressões de padronagens, exemplos e notas.
- Amostras de fios - contate os fabricantes pedindo cartelas de cores.
- Recortes de revistas e jornais com as últimas tendências em malhas.

Construindo com padronagem e textura

Seletor de ponto: tensão das listras

Sempre cuide para escolher o número correto de seleção de ponto para o fio a ser usado. O seletor de ponto regula o tamanho do ponto. O seletor de pontos em 0 cria o ponto mais apertado (o menor); em 10, cria o ponto mais solto (o maior). Se a tensão estiver muito apertada, será difícil tecer e a peça de vestuário será rígida e desconfortável de usar. Se a tensão estiver muito solta, sua roupa não terá forma.

Pratique com uma variedade de fios em tensões diferentes. Os números mais baixos no seletor de pontos são geralmente melhores para o uso com fios finos e os números mais altos são mais adequados para os fios mais grossos.

Depois de se acostumar a criar o peso e o manuseio correto em suas malhas, você pode fazer testes criando provas listradas com tensões contrastantes e diferentes espessuras, peso, teor de fibra, cor e textura.

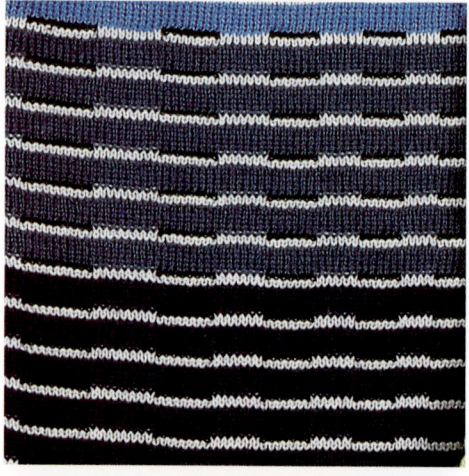

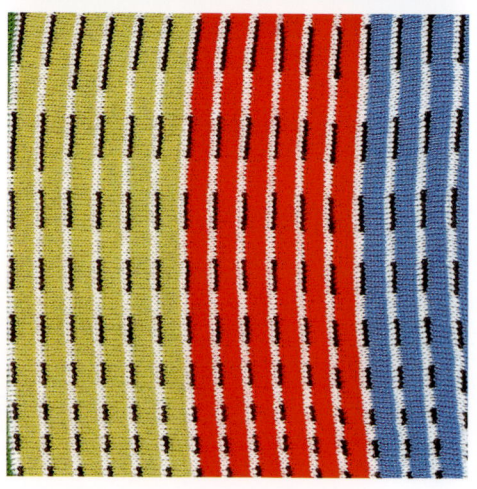

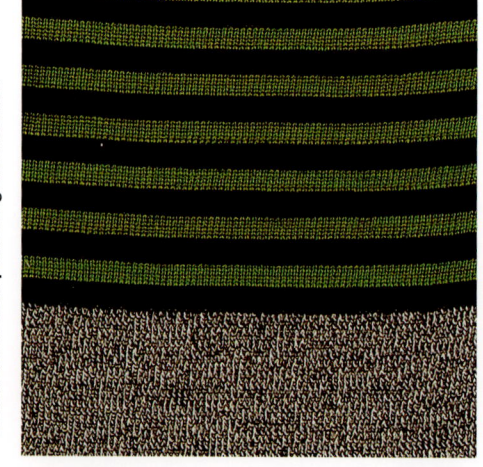

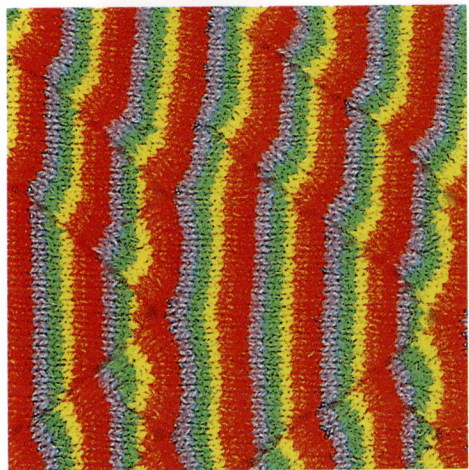

Fazendo listras

1. Monte normalmente e faça o número necessário de carreiras.
2. Corte o fio e coloque a segunda cor no segundo alimentador da unidade de tensão.
3. Tire os fios novos e rompidos para fora da direção a ser tecida, para evitar laçadas. Teça o número necessário de carreiras e repita o processo.
4. Tente repetir o número de carreiras para cada cor, então tente alterar o número de carreiras para cada grupo de cor.

Ao usar listras horizontais em uma roupa, lembre-se de que as peças terão de ser encaixadas com cuidado quando costuradas.

Listras verticais ou diagonais podem ser feitas usando cartão perfurado ou folha milimetrada, software CAD, ou a técnica de malha parcial (segurando agulhas).

1–8 Amostras de máquinas de mono e dupla frontura, com uma mistura de listras simples e padronagens complexas, de Amy Dyer, Sarah Nicholls e Natalie Osborne.

Construindo com padronagem e textura

1   Formação do ponto de renda: técnica básica de transferência de pontos
2   Gráfico de amostra com padronagem vazada para renda
3   Peça em renda do designer de malhas Mark Fast, Primavera/Verão 2010. Catwalking.com

Renda

A renda moderna é uma combinação de redes translúcidas e fios soltos, padronagens com vazados e pontos falhados irregulares. Geralmente, é feita com fios finos e leves. Usar um fio fino em uma máquina de galga grossa resulta em uma rede macia, transparente e flexível. Pontos gigantes podem ser feitos apenas montando-se uma agulha a cada duas ou três delas. A renda simples envolve a colocação de um ponto sobre outro adjacente, para fazer um furo logo ao lado dele.

Transferência de pontos

Malhas rendadas são feitas com a técnica básica de transferência de pontos, que envolve transferir pontos de um conjunto de agulhas para outro usando transportadores de multiponto. É possível transferir vários pontos em um só movimento; além de serem transferidos para outras agulhas na frontura, eles também podem ser deixados falhos ou feitos em escadas por toda a extensão da malha. Algumas máquinas domésticas de monofrontura incluem carros automáticos para renda, que transferem os pontos selecionados automaticamente para as agulhas adjacentes.

Outra técnica é transferir vários pontos para uma única agulha, tanto para reposicionar os pontos e fazer padronagens, quanto para alterar o formato de uma escada. Uma variedade de designs de vazados e pequenas casas de botões são baseados na técnica de transferência de pontos.

Ao trabalhar em uma máquina de dupla frontura, as transferências podem ser feitas com uma agulha com dois orifícios, ferramenta que possui um orifício em cada extremidade. Depois de retirar um ponto com uma extremidade da agulha, ele pode ser inclinado de forma que o ponto deslize para a outra extremidade, facilitando a substituição do ponto na frontura oposta.

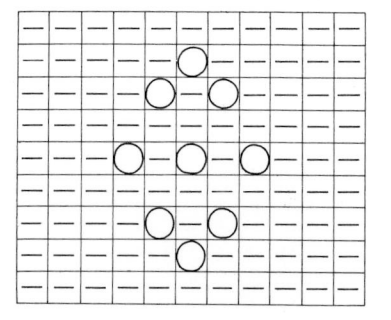

Técnicas de renda/ vazados

1. Monte normalmente e faça o número necessário de carreiras.
2. Usando o transportador, transfira um ponto para uma agulha adjacente e coloque a agulha vazia de volta na posição B (posição B).
3. Faça duas carreiras para fechar os furos.
4. É possível criar padronagens em renda mais complexas fazendo testes com esta estrutura de pontos básica. Experimente transferir mais de um ponto por vez e coloque-os em diferentes posições.

3

Escadas

Escadas criam um efeito rendado, feito com uma versão exagerada da técnica de transferência de pontos. As escadas podem ser produzidas no busto ou ser construídas horizontalmente transferindo-se um ponto em um dos lados da escada e colocando-se uma agulha vazia de volta à posição de trabalho do outro lado da escada; essa ação é repetida em todas as carreiras ou a cada duas carreiras da malha.

1   Gráfico de amostra com escada de duas agulhas de largura.
2   Malha de escada feita no busto com detalhe de vazados, de Juliana Sissons.
3   Peça em renda da Rodarte, Outono/Inverno 2008. Catwalking.com.

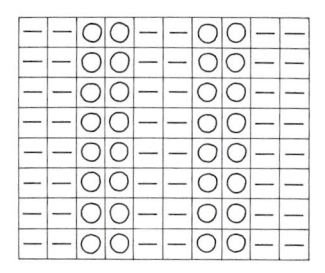

Técnica de escada

1. Transfira um ponto nos intervalos necessários, deixando agulhas vazias em posição de não trabalho (posição A). Por exemplo, você pode deixar uma agulha a cada quatro em posição de não trabalho. Isso forma uma escada enquanto a malha é feita. Coloque as agulhas vazias de volta na posição de trabalho (posição B) para continuar. Esta técnica pode ser usada para formar padronagens decorativas, como enrolar fios constrastantes ou fita entre as escadas.
2. Para um efeito canelado, use um remalhador no lado errado (ponto reverso) do tecido e reforme os pontos pegando os pontos soltos, dois de cada vez; continue a puxar um através do outro até chegar ao topo. Esta técnica funciona melhor quando se deixa duas agulhas em posição de não trabalho a intervalos regulares.
3. Faça experiências com escadas largas usando agulhas múltiplas. Você pode criar um efeito rendado interessante pegando pontos soltos aleatoriamente com o remalhador e engatando-os com as agulhas ativas mais próximas.
4. Para criar uma escada moldada, tente transferir os pontos para fora de cada lado da escada existente, entre as carreiras da malha. Deixe as agulhas vazias em posição de não trabalho (posição A) até alcançar a largura desejada da escada. Então, uma a uma e cada uma de um lado diferente, coloque as agulhas vazias de volta na posição de trabalho (posição B). Explore as variações desta técnica.

Nota: se duas agulhas adjacentes são colocadas na posição de trabalho ao mesmo tempo, forma-se um ponto alargado em vez de dois.

Textura da superfície

1   Coleção de malhas de Tirzah Mastin. A designer criou texturas com uma combinação de fios finos e grossos de seda, algodão e lã e incorporou impressão devoré, intársia, plating e técnicas de colocação das agulhas em espera.

Variações básicas de ponto adicionam um elemento decorativo à sua malha e mudam consideravelmente a aparência e o caimento da malha. Uma malha em fio fino, por exemplo, pode parecer mais pesada com o uso de pontos fantasia.

As três principais técnicas para adicionar textura à superfície são os pontos entrelaçado, retido e omitido. Malhas em ponto entrelaçado (também conhecidas como inlay) com padronagem contínua têm pouca elasticidade na largura e são mais sólidas, podendo ser cortadas quase sem se desmanchar. O ponto retido produz uma malha quente e volumosa, com grande estiramento; é uma malha não ondulada com bordas sólidas, o que facilita a confecção de peças de roupa. O ponto omitido cria uma malha opaca com pouca elasticidade; as padronagens com pontos soltos por toda a sua extensão podem ser utilizadas decorativamente ou para criar tecidos texturizados leves com boas propriedades de isolamento. Técnicas como levantar pontos e fazer tranças também são formas eficazes de acrescentar textura à sua malha.

Os pontos retido e omitido usam uma técnica de seleção semelhante. Ambos podem ser produzidos automaticamente, com um cartão perfurado ou folha milimetrada. Eles devem ser usados em combinação com os pontos da malha; cada agulha retida deve ter uma agulha de cada lado fazendo ponto simples. Também é possível ajustar o carro para reter e omitir quando se desloca em um sentido e fazer ponto simples quando se desloca em outro. Tanto o ponto retido quanto o omitido podem ser combinados com listras coloridas, para efeitos de cor-textura.

Renda > **Textura da superfície** > **Malhas padronadas**

Construindo com padronagem e textura

Ponto retido

O ponto retido pode produzir padronagens de textura em ambos os lados da malha, mas é mais comumente usado no lado reverso. Uma padronagem em pequena escala produz um efeito de favo de mel e uma padronagem em grande escala produz uma área mais ampla com padronagens em relevo.

O ponto é retido pela cabeça da agulha até que seja enlaçado. As laçadas retidas distorcem a malha empurrando os pontos para fora da linha, criando padronagens de texturas interessantes. A textura rugosa pode ser feita agrupando-se as laçadas na cabeça da agulha por meio da retenção de várias carreiras ao mesmo tempo e nas mesmas agulhas antes de enlaçar. Lembre-se de que existe um limite para o número de carreiras que podem ser feitas em qualquer ponto. Isso depende da tensão e do tipo de fio que você está usando. A maioria das máquinas domésticas é capaz de segurar 6 a 8 laçadas de fios. Usar peso extra e tensão apertada pode ajudar.

Selecionar as agulhas manualmente permite que você substitua o carro e as informações no cartão perfurado ou na folha milimetrada, o que amplia as possibilidades de experimentação com padronagens. Pontos retidos também podem ser feitos manualmente, sem o uso de cartões perfurados e ou folhas milimetradas, colocando-se as agulhas selecionadas em posição de não trabalho e acionando a alavanca de retenção no carro. Depois de várias carreiras retidas, a alavanca de retenção volta para a posição de espera e uma carreira de malha simples é tecida. Você pode variar a quantidade de carreiras em espera ou em posição de tecer.

Ponto retido manual

1 A cada três agulhas, coloque a terceira na posição de espera. Acione a alavanca de retenção no carro.
2 Faça três carreiras. Coloque a alavanca de retenção em espera. Faça uma carreira de malha simples.
3 Repita o procedimento. Isso permite testar uma variedade de padronagens de pontos retidos.

O carro também pode trabalhar com duas cores ao mesmo tempo. Você pode criar padronagens coloridas combinando pontos retidos com listras.

1 Faça duas carreiras em uma cor, selecionando agulhas ímpares para os pontos retidos e pares para ponto simples.
2 Faça duas carreiras na segunda cor, fazendo o ponto retido com as agulhas ímpares e o ponto simples com as agulhas pares.
3 Repita o processo para criar uma padronagem manchada.

Há muitas variações do ponto básico. Algumas técnicas interessantes para explorar: coloque uma padronagem de cartão perfurado em espera e retorne à malha lisa a cada terceira ou quarta carreira – isso funciona bem com padronagens verticais. Para um efeito rendado, tente reter em agulhas espaçadas ao longo de várias carreiras com uma tensão apertada e fazer carreiras simples em tensão frouxa, contrastante.

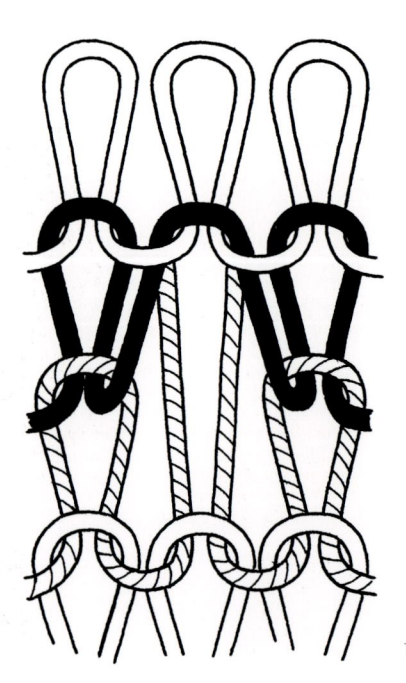

2

Nota
Em um cartão perfurado, os espaços em branco retêm e os perfurados tecem. Se estiver usando uma máquina eletrônica, você pode marcar os pontos retidos na folha milimetrada. O resultado será invertido na máquina se você selecionar o botão de opção negativa.

1 Formação do ponto retido.
2 Amostra no formato do molde, de Zuzanna Vostiarova, com ponto retido trabalhado com retidos e ondulações feitos à mão e buracos criados com malha parcial.

Renda > **Textura da superfície** > Malhas padronadas

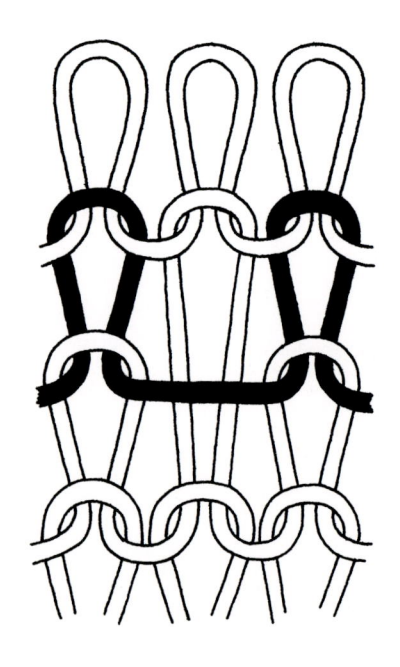

Construindo com padronagem e textura

1

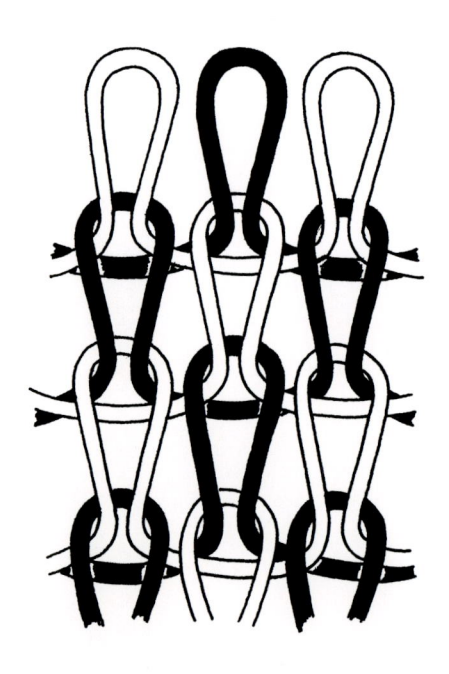

2

Ponto omitido

O ponto omitido (também chamado de ponto solto ou não trabalho) é criado quando uma ou mais agulhas são desativadas e não se movem para pegar o fio. Este passa por elas e nenhuma malha é formada. Esta malha pode ser reconhecida no seu avesso, que mostra a textura da padronagem com todos os fios soltos. Os filamentos de fios deitados sobre a malha tendem a ser bem compactados, diminuindo a largura do tecido e permitindo pouca elasticidade. Em máquinas de cartões perfurados, os furos tecem e os espaços em branco omitem. Em máquinas eletrônicas, você pode marcar os pontos omitidos sobre a folha milimetrada e o resultado será invertido se você selecionar o botão de opção negativa.

O ponto omitido é também a base de uma padronagem em duas cores ou Fair Isle. A padronagem pode ser tecida em duas carreiras de cada cor. Se você usar o ponto omitido em conjunto com o listrado, pode conseguir padronagens complexas de mosaico no lado direito do tecido.

1–2 O ponto omitido produz fios soltos sobre o lado avesso (1) e pode ser usado para fazer padronagens em duas cores no reverso (2).

3 Amostra de Ruth Carpenter, que usa a técnica de plating. Inspirandas no desenho do ponto omitido, malhas como esta podem ser criadas em máquinas industriais de dupla frontura.

Ponto omitido

1 Selecione as agulhas ímpares para tecer e as agulhas pares para omitir. Faça duas carreiras de ponto omitido em uma cor. Nota: sempre selecione a primeira agulha na carreira para tecer, a fim de garantir que os fios soltos do lado avesso do tecido sejam pegos na borda da malha.
2 Inverta as agulhas selecionadas para tecer e omitir. Faça duas carreiras de ponto omitido na segunda cor. O ponto omitido vai subir, prolongando-se através da carreira de cima, formando uma padronagem no lado direito do tecido.
3 Um efeito cascata pode ser criado quando as mesmas agulhas são selecionadas para omitir em várias carreiras (com um conjunto de cartões perfurados em espera), seguidas por uma carreira de malha lisa e depois repetindo o processo.

Renda > Textura da superfície > Malhas padronadas

Entrelaçamento

Entrelaçamento, também conhecido como inlay, é provavelmente a técnica mais versátil para a produção de superfícies texturizadas, mas não é estritamente uma variação de ponto. Inlays são feitos em geral do lado reverso da malha, fazendo pleno uso do entrelaçamento. Essas malhas têm características semelhantes aos têxteis com estruturas fechadas e têm pouca elasticidade. A malha é feita normalmente, mas, no momento em que o fio adicional é entrelaçado, ele passa primeiro pela frontura, passando alternadamente por baixo e por cima das agulhas. É então tecido na malha, pegando pontos alternados por baixo. O fio pode ser enrolado nas agulhas e pontos; pode ser tecido ao longo da malha; pode compor uma padronagem contínua (cobrindo inteiramente o tecido de malha) e listras; e ainda pode ser usado para criar aglomerados de laçadas e franjas.

Um método básico com cartão perfurado pode ser usado para fios como bouclé fino e mohair. O cartão é posicionado e as escovas de tecelagem, abaixadas. O fio secundário é colocado no guia-fio e o carro é movido ao longo da máquina. Se o fio for muito espesso ou nodoso, um método manual de entrelaçamento pode ser usado.

1. Vestido de Shao-yen Chen feito em uma máquina doméstica com fios de nylon, cashmere e Lycra. Cada fibra de nylon foi colocada manualmente nas agulhas para criar volume.
2. O fio adicional é passado alternadamente por cima e por baixo das agulhas e, em seguida, tecido para criar um entrelaçamento.
3. Gráfico de padronagem entrelaçada mostrando um entrelaçamento 1x1 repetido (superior) e um entrelaçamento 1x1 alternado (inferior).

Entrelaçamento manual

1. Coloque todas as agulhas em posição de espera. Sem acionar a alavanca de retenção, abaixe as escovas de tecelagem.
2. Selecione um fio texturizado ou tiras de tecido para o efeito entrelaçado.
3. Entrelace o fio por cima e por baixo das agulhas. Isso também pode ser feito em pares, alternando em cima e em baixo a cada duas agulhas, ou em qualquer outra combinação.
4. Empurre os fios entrelaçados para trás, perto dos ganchos de topo (para que não fiquem enrolados em torno das escovas).
5. Movimente o carro ao longo da malha. Faça uma ou duas carreiras; os fios serão entrelaçados. Repita. Fios soltos longos podem ser tecidos e, em seguida, cortados para produzir tufos.

O ponto omitido pode ser uma alternativa ao entrelaçamento. Depois de fazer várias carreiras de malha simples, você pode fazer uma carreira de ponto omitido em um fio diferente. As agulhas para essa carreira precisariam ser configuradas para alternar entre uma agulha que tece e cinco ou seis agulhas que omitem.

O entrelaçamento de fios pode ser trabalhado na horizontal ou mesmo na vertical. O fio secundário pode ser enrolado nas agulhas, uma a uma, dentro do corpo da malha; essa técnica também pode ser usada para criar efeitos decorativos e franjas.

Aglomerados de laçadas/ franjados

1. Coloque as agulhas necessárias na posição de espera (não acione a alavanca de retenção).
2. Use uma agulha de tricô, um lápis ou uma vareta fina. Segure a vareta embaixo das agulhas em posição de espera.
3. Coloque o fio secundário sobre uma agulha, debaixo da vareta, e em seguida sobre a próxima agulha. Repita o processo com quantas agulhas quiser. Movimente o carro ao longo da malha, mantendo as laçadas firmemente pressionadas contra a máquina.
4. Por fim, corte as laçadas para fazer o franjado.

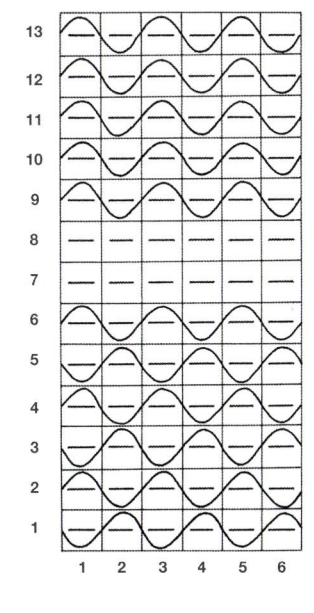

Construindo com padronagem e textura

Pontos em relevo

Os pontos podem ser colocados em relevo pela ação de levantá-los a partir de carreiras previamente tecidas e pendurá-los novamente nas agulhas; depois, quando o carro passa através da frontura, os pontos levantados são tecidos na malha, resultando em um efeito amontoado/relevo. Esta técnica pode ser usada para colocar em relevo um ou múltiplos pontos, bem como pontos soltos e escadas.

Para levantar pontos, um transportador é inserido no ponto. A ferramenta é levantada para cima e o ponto é depositado sobre a agulha. Isso fará o lado direito técnico do tecido ficar franzido.

Dica
Quando você está começando, a lã é o fio mais fácil para trabalhar, porque tem mais elasticidade do que o algodão, o linho ou a seda.

1

2

1–4 Bolsas de Justin Smith. A técnica de levantar o ponto foi usada para criar diferentes efeitos de textura.

Enganchando aleatoriamente

1. Monte como de costume e faça 10 carreiras na primeira cor.
2. Mude a cor e faça mais 10 carreiras.
3. Enganche os pontos da carreira 10 (carreira 1 da cor diferente) e posicione as agulhas de forma aleatória.
4. Altere a cor e faça 10 carreiras. Repita o processo em cores diferentes, enganchando quando necessário.

As variações podem incluir: enganchar uma só cor; enganchar em intervalos regulares para formar padronagens; e enganchar todas as agulhas em uma carreira para criar ondulações horizontais. Experimente estas técnicas:

1. Teça entre os pontos levantados e as agulhas onde eles estão posicionados para uma textura mais exagerada.
2. Crie um efeito drapeado, levantando poucos pontos e espaçando-os.
3. Muitas texturas interessantes podem ser feitas repetindo-se padronagens com pontos em relevo, formando desde grupos cuidadosamente distribuídos de pontos em relevo até pontos retidos distorcidos e irregulares.
4. Crie um design de favo, alternando os grupos de pontos levantados com pontos não levantados em toda a malha.
5. Levante grupos de pontos para a direita por algumas repetições, em seguida levante os mesmos grupos para a esquerda para mais algumas repetições; o resultado é um efeito de zigue-zague estreito interessante.

Renda > Textura da superfície > Malhas padronadas

Construindo com padronagem e textura

Tranças

As tranças são criadas pelo cruzamento de dois grupos de pontos entre as carreiras de malha. Dois transportadores são utilizados para remover os dois grupos de pontos de suas agulhas; os pontos são cruzados enquanto são devolvidos para as agulhas e em seguida tecidos normalmente. Faça testes com o número de pontos cruzados e a quantidade de carreiras tecidas entre eles.

1   Trança em grande escala com detalhes em tingimento metálico, de Pamela Leung.
2   Coleção *Emotional Sculpture*, de Johan Ku, feita em lã crua usando os dedos e agulhas gigantes.

Renda > **Textura da superfície** > Malhas padronadas

Construindo com padronagem e textura

Malhas padronadas

1   Padronagem Fair Isle de Alexander McQueen, parte da coleção Outono/Inverno 2005 intitulada *The Man Who Knew Too Much*.

Aprender a criar padronagens em malha abre um leque de novas possibilidades. Padronagens como Fair Isle e jacquard podem ser projetadas e feitas com um cartão de padronagem, como cartão perfurado ou folha milimetrada, ou usando um software CAD. Padronagens intársia são um pouco diferentes – podem ser feitas sem um cartão de padronagem; elas são usadas para criar formas grandes, com muitas cores em uma só carreira. Normalmente, as padronagens são primeiro desenhadas em papel quadriculado e depois recebem novas combinações de cores, elaboradas por tentativa e erro, na máquina.

Se você for capaz de fazer seus próprios cartões de padronagem, não ficará restrito aos modelos prontos; isso também permitirá que você altere as padronagens existentes com uma abordagem experimental. Tente explorar as cores junto com diferentes pontos, como o retido, o omitido e a renda. Crie padronagens alongadas fazendo cada carreira duas vezes ou fazendo algumas carreiras com o cartão bloqueado (em espera). Altere um design não inserindo as agulhas nos buracos selecionados, ou combine seções de diferentes cartões cortando-os e juntando-os. Agulhas de padronagem podem ser selecionadas manualmente, sendo levadas para a frente antes de cada carreira ser feita (selecionadores de agulhas são úteis para empurrar agulhas para frente em sequência, como o 1x1 para um padrão de pontos intercalados).

Fair Isle e jacquard

A malha Fair Isle é conhecida por sua tradicional padronagem em duas cores. O "lado direito" tem uma superfície com padronagem; o verso tem fios soltos, cada cor passando por cima da outra quando não está tecida na padronagem. Os dois fios são tecidos simultaneamente para produzir o desenho do cartão de padronagem. O verso do cartão passa a ser o direito da malha. As áreas em branco do cartão tecem a cor principal; as áreas perfuradas tecem a cor contrastante.

Fair Isles tradicionais são separados por bordas estreitas e apresentam uma mudança frequente de cor. Um Fair Isle contínuo (por toda a extensão da malha) é uma padronagem de repetição contínua, sem início ou fim óbvio; ele funciona bem com muitas combinações de cores. Motivos Fair Isle são desenhos simples com linhas limpas e cores ousadas; as padronagens consistem em muitas formas fechadas de cor e pequenos fios soltos. Esses designs são adequados às texturas e aos tons da mesma cor.

Jacquard é uma malha de jersey dupla, feita usando um cartão perfurado ou máquina eletrônica para criar uma padronagem. Mais de quatro cores podem ser usadas em uma carreira. Esta técnica permite que os fios soltos sejam tecidos no avesso, criando um tecido reversível.

Construindo com padronagem e textura

Cartões perfurados

Os cartões perfurados fornecem um método rápido de selecionar as agulhas, mas padronagens com repetições precisam ser trabalhadas no papel antes de serem feitas em malha. Isso é feito esboçando-se um desenho grosseiro e depois implementando-se um plano de pontos sobre o papel quadriculado.

Decida o tamanho da repetição do ponto para o design – isso está limitado ao tamanho do cartão perfurado. Normalmente, uma máquina de galga média tem largura de 24 agulhas e uma máquina de galga fina tem largura de 30 agulhas. Se estiver usando uma máquina de galga grossa, a largura de 12 agulhas é a mais comum.

Um design pode ser repetido de várias maneiras para formar uma padronagem contínua.
A padronagem a ser repetida deve ter o número correto de pontos na largura; por exemplo, se você estiver usando uma máquina de galga média, a largura do motivo deverá ter um número de pontos cuja multiplicação resulte em 24 – 2, 3, 4, 6, 8 ou 12 pontos de largura.

O comprimento da repetição pode ser o número de carreiras que você escolher fazer para o design. Ele pode ser tão longo quanto o cartão perfurado permitir, ou até mais, se você unir vários cartões. Primeiro, elabore a repetição da padronagem antes de preencher todo o design. Desenhe a padronagem no meio do papel quadriculado usando o número necessário de agulhas para uma padronagem de repetição, em seguida preencha a área circundante, certificando-se de que as repetições se encaixam como deveriam. Isso lhe dará uma boa ideia de como a padronagem contínua vai ser. As linhas curvas deverão ser desenhadas como degraus no papel quadriculado, o que pode alterar um pouco o design, mas alterações podem ser feitas depois que a amostra for tecida.

Depois de ter feito o desenho, o modelo em papel quadriculado pode ser transferido para um cartão perfurado ou uma folha milimetrada. Máquinas eletrônicas que usam folhas milimetradas são mais flexíveis do que os cartões perfurados padrão; elas conseguem produzir motivos e padronagens repetidas muito maiores.

1   Design de malha padronada, de Cathrin Evans. O cartão perfurado ilustra claramente a padronagem da malha.
2   Cartões perfurados com modelos de padronagem.

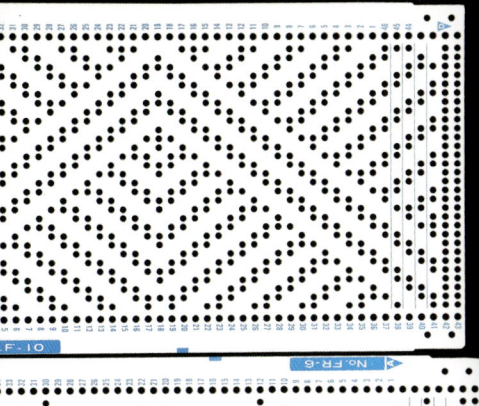

Padronagens em grades

Para um quadrado de malha há sempre mais carreiras que pontos, podendo fazer a padronagem no cartão parecer alongada. Existe um papel milimetrado especial, feito com quadrados menores que permite visualizar a aparência final do design.

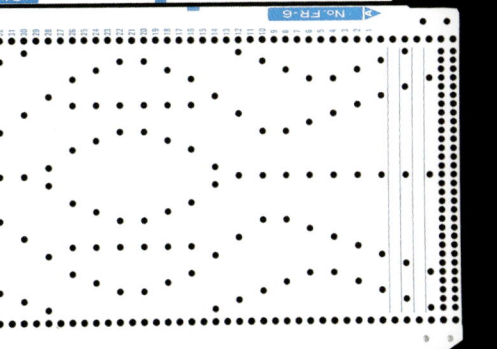

Usando o cartão perfurado

A posição do cartão perfurado na frontura de agulhas é importante. Ela é predeterminada pelo tipo e pela galga da máquina (média, fina ou grossa). Quando o cartão está na máquina, se move automaticamente uma carreira de cada vez. Os cartões podem ser unidos na parte superior e inferior com grampos de plástico para fazer uma padronagem contínua.

1. Em uma máquina Brother de galga média, inicie a padronagem sete linhas para baixo. Em uma Knitmaster de galga média, inicie a padronagem uma linha para baixo.
2. Comece com o carro para a esquerda. Insira o cartão e trave-o. No carro, mude o botão para KC (cartão de malha).
3. Coloque a cor principal no alimentador A em uma Brother, ou no alimentador 1 em uma Knitmaster.
4. Teça para a direita. Solte o cartão.
5. Teclas seletoras de ponto(s): botões de reter para o ponto retido; botões de omitir para o ponto omitido; botões coloridos/ MC para Fair Isle (T, S e M em uma Knitmaster). Coloque a segunda cor no alimentador B em uma Brother, ou no alimentador 2 em uma Knitmaster. Para entrelaçar, selecione simples ou sem botões pressionados e coloque as escovas de tecelagem em WT.
6. Ajuste o contador de carreiras para 000. Siga tecendo.

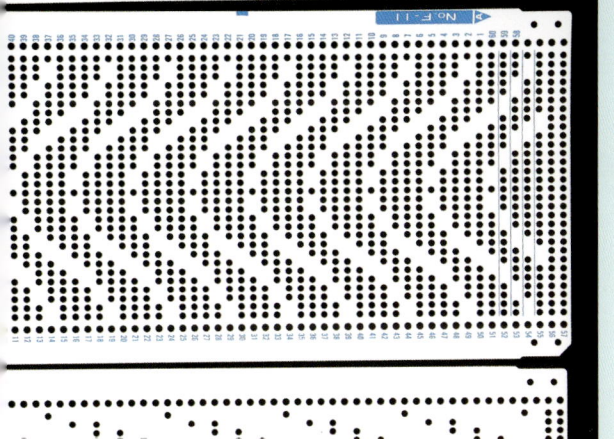

Construindo com padronagem e textura

Máquinas eletrônicas de padronagem

As máquinas domésticas de cartões perfurados evoluíram muito desde as primeiras máquinas de "padronagem de apertar o botão". As máquinas informatizadas de hoje podem ser totalmente programáveis e oferecem uma enorme flexibilidade. Folhas milimetradas podem ser usadas para fazer padronagens com repetições maiores do que se conseguiria com o método de cartões perfurados; essas padronagens podem ser repetidas, viradas de cabeça para baixo, espelhadas, alongadas no comprimento ou dobradas de largura.

Os modelos mais recentes de máquinas eletrônicas, a partir da Brother 950i e 965i em diante, são compatíveis com o DesignaKnit para Windows, um software CAD/CAM para design de malhas. O programa abrange a elaboração de moldes para roupas e de designs de transferência de pontos, além de incluir um estúdio gráfico para a produção interativa da malha e a manipulação de arquivos gráficos, fotografias e imagens digitalizadas. Ele também pode ser usado para produzir modelos de cartões perfurados e folhas milimetradas, bem como gráficos para máquinas manuais e tecelagem à mão. Os designers podem desenhar padronagens de pontos em cores, símbolos ou ambos, e há uma gama de tipos de texturas de pontos para dar uma ideia mais realista de como será a peça acabada.

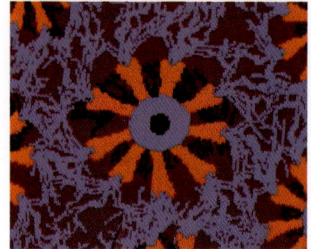

Máquinas industriais de padronagem

Máquinas industriais manuais são incrivelmente versáteis, oferecendo grandes possibilidades para a estrutura e a padronagem. Elas possuem um sistema de padronagens que utiliza uma seleção de agulhas de pé alto e baixo em combinação com alavancas de reter e omitir. Dependendo da posição das alavancas, todas as agulhas podem tecer normalmente; ou agulhas com pé baixo vão reter enquanto agulhas com pé alto tecem normalmente. Um procedimento similar é aplicado à técnica de omitir. As padronagens podem ser alteradas em cada carreira, embora os pés não sejam intercambiáveis no meio do tecimento; as cores podem ser alteradas no meio de uma carreira. Agulhas de pés altos e baixos podem ser colocadas somente na frontura da frente, deixando um lado do tecido simples, enquanto cria ondulações e listras no outro. Essas máquinas também têm a facilidade "plating", permitindo que um fio seja invisível no exterior de tecidos canelados, pois eles podem ser usados para criar efeitos de fantasia quando as agulhas estão fora de ação ou em trabalho.

Hoje, em indústrias de máquinas modernas, tais como Shima Seiki e Stoll, tudo é feito automaticamente. A seleção individual de agulha é controlada eletronicamente para tecer padronagens coloridas e texturizadas e dar forma à malha. A Shima Seiki SDS-One design system é um sistema baseado no Windows que utiliza três programas para confecção de malhas: um é para a elaboração da padronagem; plotar medidas específicas a partir do molde de papel para formar a silhueta da peça de vestuário (pgm). Outra é para desenhar ou escanear o desenho para a padronagem da superfície do tecido, como o jacquard (pintura). A terceira é para criar a padronagem de malha; as instruções para fazer a estrutura, tais como reter, e as formas da peça de vestuário (pintura da malha). Esse pacote oferece uma visualização do tecido no corpo; mas também pode ilustrar diversas cores e ser também utilizado para criar designs de fios.

1–3 Desgns de Amy Dyer, usando o sistema de design Shima Seiki. A figura 3 mostra, da esquerda para a direita, um desenho planificado, uma imagem da padronagem da malha e uma imagem pgm.

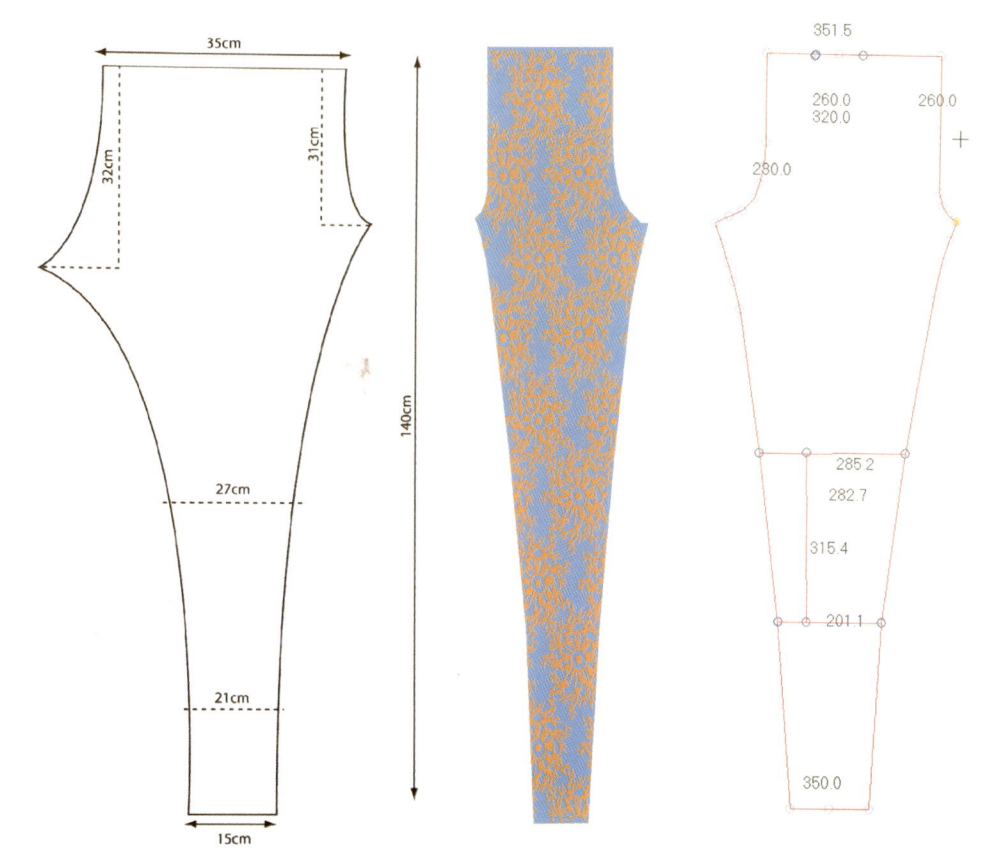

Construindo com padronagem e textura

1

1–3 Designs de intársia, de Hannah Taylor. Fotografia de Jojo Ma.

Intársia

A Intársia é uma técnica utilizada para a padronagem da cor em que não há fios soltos, pois cada cor é tecida na sua própria forma. Muitas cores podem ser tecidas em uma carreira, e porque não há fios soltos, podem ser feitos formatos de padronagem grandes e fortes. Carros especiais de intársia estão disponíveis para as máquinas mais sofisticadas. Comece sempre com as agulhas na posição intársia: linguetas abertas e agulhas de cerca de 1 cm para frente. Isso é geralmente obtido através de uma passagem do carro de intársia vazio.

Técnica de intársia

1. Cada forma da padronagem precisa de um novelo de fios; coloque os novelos no chão, na frente da máquina.
2. Coloque a ponta de cada fio nas linguetas abertas dos grupos de agulhas na ordem da padronagem para a carreira, com a ponta curta mais próxima do carro e os fios cruzando debaixo das agulhas.
3. Passe o carro da intársia pelas agulhas para tecer uma carreira; cada cor irá tecer com suas próprias agulhas.
4. Repita o procedimento, colocando manualmente os fios para trás através das agulhas na ordem necessária para cada carreira, cruzando debaixo das agulhas como antes.
5. Teça uma carreira e continue.

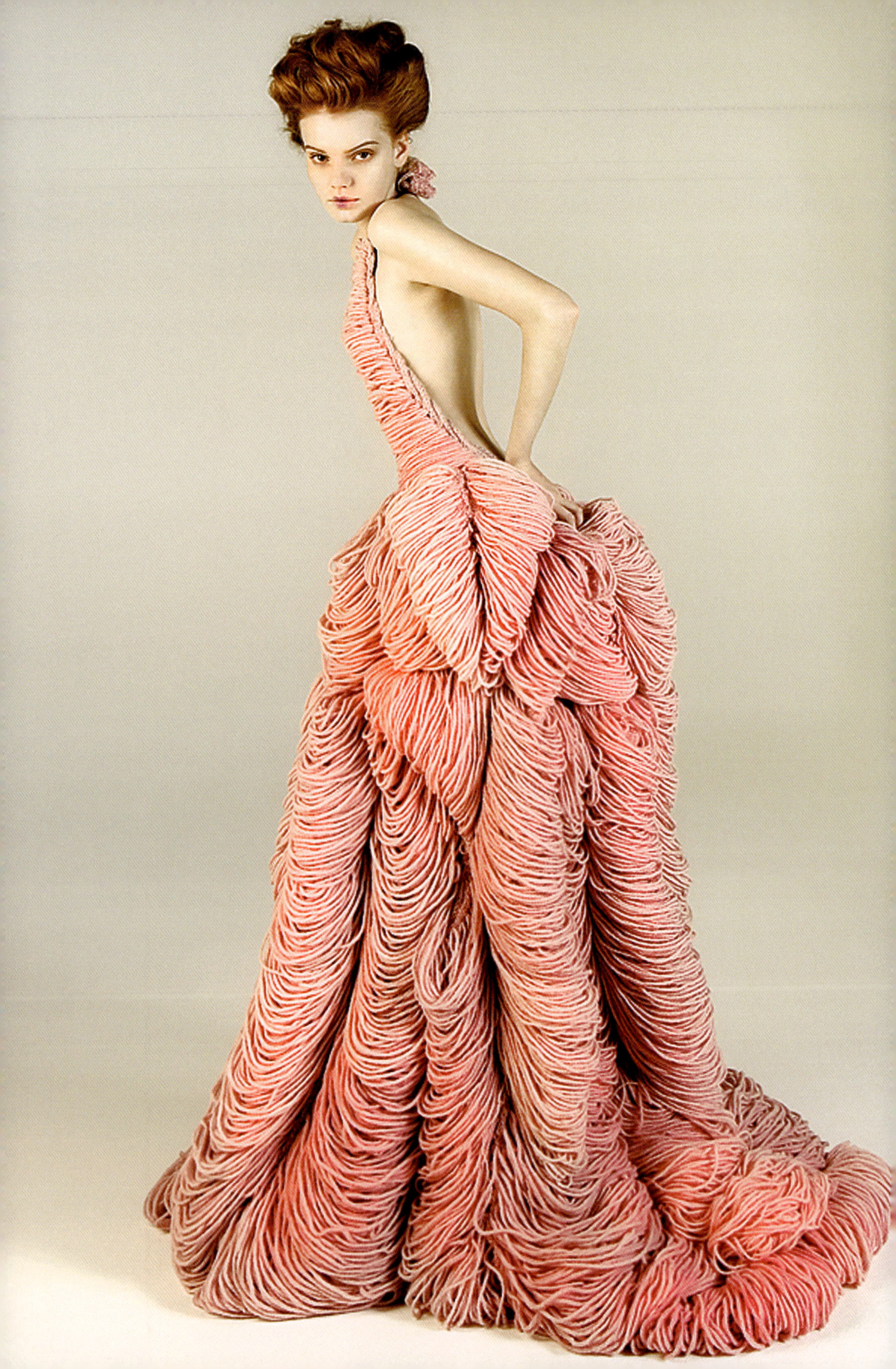

> *"A moda é muito próxima do corpo, não somente da forma, mas também do movimento."*
>
> Hussein Chalayan

No Capítulo 4, a amostra de malha é transformada em uma peça tridimensional. São apresentados diferentes métodos de modelagem, como a modelagem tridimensional, que molda a malha em um manequim para criar silhuetas. Também são apresentados exercícios que mostram como planejar formas em papel (molde de corte) e transferir esses contornos para moldes de malha. Você será guiado pela formação de um corpo básico e de um molde de manga, com instruções detalhadas sobre pontos e linhas. Por fim, é apresentada uma seção detalhada que explica como criar efeitos tridimensionais, como peças com babados e peças rodadas, com a máquina.

1   Vestido "Elizabeth", de Jemma Sykes para a marca ética Butcher Couture, feito à mão em lã orgânica.

Construindo por meio da forma

1. Nestas amostras de Natalie Osborne, foi usada malha parcial/técnica de espera.
2. Gráfico de uma união diagonal entre duas cores, utilizando a técnica de espera.
3. Técnica de espera utilizada com diferentes gramaturas de fios. Design de Juliana Sissons.

Malha parcial: efeitos tridimensionais

A malha parcial pode ser usada para criar uma variedade de efeitos tridimensionais: texturas da malha, superfícies esculturais e silhuetas incomuns; blocos diagonais de cor, painéis de saias rodadas e formatos enviesados de ombros, além de bordas interessantes, como efeitos de laçadas ou ondulados.

A alavanca de retenção é colocada em espera, as agulhas do lado oposto da frontura do carro são manualmente também postas em espera. Várias agulhas podem ser colocadas em posição de espera de uma só vez, ou elas podem ser colocadas em espera uma de cada vez. Essa técnica permite que o carro passe por cima das agulhas em espera sem tecer; quando elas são colocadas de volta na posição de trabalho, os pontos são tecidos normalmente. Outras agulhas que não estejam na posição de espera continuam a tecer carreiras, acumulando comprimento. É importante manter peso sob as agulhas ativas e mover a malha para cima à medida que ela cresce.

1

Método de carreira desenhada

Designs baseados em linhas diagonais e horizontais permitem mudar o tamanho do ponto ou da cor dentro de uma única carreira. Você pode criar uma borda inclinada colocando as agulhas em espera gradualmente. Uma pequena carreira de renda vazada aparecerá entre as duas seções, o que pode deixar o design mais interessante. No entanto, isso pode ser evitado envolvendo o fio livre debaixo da primeira agulha em espera cada vez que o carro chega ao ponto em que as agulhas ativas se encontram com as agulhas em espera, segurando as agulhas antes de tecer a próxima carreira.

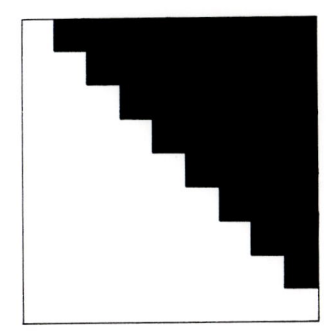

2

Fazendo uma união diagonal

1 Sempre inicie com o carro no lado oposto das agulhas que vão ser postas em espera. Coloque a primeira cor e monte aproximadamente 60 pontos.

2 Teça várias carreiras de malha simples, terminando com o carro do lado esquerdo.

3 Coloque a alavanca de retenção em espera. Leve a primeira agulha do lado da mão direita para a posição de espera e faça uma carreira. Leve o fio solto para debaixo da agulha e teça a próxima carreira. Coloque a segunda agulha da direita em posição de espera e teça uma carreira. Coloque o fio solto debaixo da segunda agulha em espera e sobre a primeira. Faça a próxima carreira. Repita o processo até que haja apenas uma agulha em operação. Coloque a agulha em posição de espera.

4 Tire o fio do alimentador e leve o carro vazio para o outro lado (o carro tem de ser deslocado para o lado da frontura em que a primeira agulha foi retirada da posição de espera).

5 Coloque a segunda cor. A próxima seção é feita empurrando as agulhas de volta para a posição de trabalho. Usando um transportador, retorne a primeira agulha, do sentido da mão direita, para a posição de trabalho e faça duas linhas. Coloque a segunda agulha da direita em posição de trabalho e teça duas linhas. Repita o processo até que haja apenas uma agulha em posição de espera. Coloque essa agulha em posição de trabalho.

Nota: quando colocar as agulhas em posição de espera, rendas vazadas irão se formar ao longo da linha diagonal se você não colocar o fio livre debaixo da agulha em espera sempre.

Para criar variação na profundidade do ângulo, experimente puxar duas ou mais agulhas para fora de uma vez ou fazer mais carreiras entre as agulhas em espera. Também tente listrar com fios de cores diferentes para mostrar claramente o método de carreira desenhada.

3

Construindo por meio da forma

Efeitos tridimensionais

Você pode fazer seções separadas de malha colocando grupos de agulhas em posição de espera em diferentes momentos, o que permite alterar cor, tamanho do ponto, etc.

1   Este gráfico ilustra uma padronagem levantada dentro da malha, utilizando grupos de agulhas em posição de espera. As seções tecidas são trabalhadas individualmente, com todas as outras agulhas em espera. As agulhas em espera mudam à medida que cada seção separada é feita.

2–5   Amostras de malhas em três dimensões de Victoria Hill.

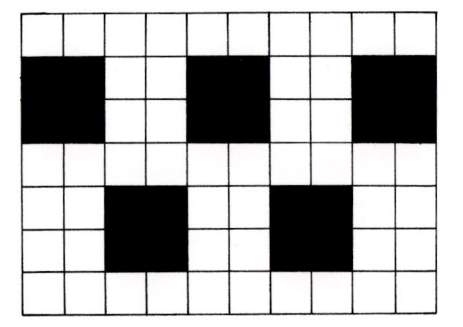

Padronagem com relevo

1. Mantenha os grupos de agulhas em espera e, em seguida, coloque-os em posição de trabalho – todos de uma só vez ou gradualmente, um de cada vez. Repita a padronagem para criar superfícies tridimensionais e esculpidas.
2. Duas metades de um pedaço de malha podem ser trabalhadas separadamente, resultando em um corte vertical entre as duas, que podem ser unidas com costura ou deixadas abertas para efeitos de design (como casas de botão).
3. Tente manter todas as agulhas do lado esquerdo em espera enquanto faz 30 carreiras na direita; então, coloque em espera todas as agulhas da direita enquanto faz 30 carreiras na esquerda. Ambos os conjuntos de agulhas terão feito 30 carreiras, e pode-se continuar tecendo normalmente com todas as agulhas em posição de trabalho. Se um grupo de agulhas é mantido em espera mais do que o outro, permitindo que haja mais carreiras em um lado, você irá criar uma interessante laçada de malha. Tente fazer e segurar blocos alternados de agulhas, para formar uma malha com laçadas em toda sua extensão, o que dará novos pontos de partida emocionantes para a evolução do. Quanto mais as agulhas são seguradas, mais levantadas serão as seções.

1

2

3

4

5

Malha parcial: efeitos tridimensionais > Criando formas rodadas

Construindo por meio da forma

Criando formas rodadas

1   Blusa de babados em lã feltrada, de Shelley Fox, Outono / Inverno 2000.
2–4   Amostras de Natalie Osborne, com formas rodadas obtidas por malha parcial.

O volume nas roupas, como babados ou rodados, é muitas vezes obtido pela inserção de godês triangulares (nesgas). Esses godês podem ser tecidos horizontalmente em qualquer comprimento ou largura necessária. Pequenos babados podem ser tão fáceis de fazer quanto um godê completo, podendo ser tecidos continuamente com o uso da técnica de malha parcial.

Fazendo uma borda com babados

1. Comece com o carro no lado da mão direita. O babado vai ser feito na ponta do lado da mão esquerda. Coloque o fio e monte a quantia necessária de pontos. Faça 21 carreiras de malha simples.
2. Ajuste a alavanca de retenção em espera. Coloque todas as agulhas do lado da mão direita em espera, exceto 20 agulhas da esquerda (que formam o comprimento do babado).
3. Faça duas carreiras. Coloque a primeira agulha do lado direito na posição de espera e faça duas carreiras. Coloque a segunda agulha do lado direito em espera e faça duas carreiras. Repita o processo até que haja apenas uma agulha em atividade. Coloque essa agulha em espera.
4. Retire a alavanca de retenção da posição de espera para voltar a tecer normalmente. Faça duas carreiras, terminando com o carro no lado esquerdo.
5. Repita os passos 3 e 4 para produzir um godê triangular, que terá rendas vazadas definindo as bordas.
6. Retire a alavanca de retenção da espera para tecer normalmente. Faça 20 carreiras de malha simples, terminando com o carro do lado esquerdo.
7. Repita todo o processo desde o início até que tenha criado godês suficientes para resultar em uma borda com babados ao longo do lado esquerdo (sentido da mão) da malha.

Faça teste com o comprimento e a largura dos godês, alterando o número de pontos e carreiras.

Um só babado em espiral pode ser feito da mesma maneira. Faça apenas o comprimento do godê e repita o processo para criar uma forma circular; se você continuar mais, um babado espiral será feito.

Construindo por meio da forma

Saias rodadas

1. Ilustração de painel de saia com duas inserções de godê.
2. Capa rodada, de Dulcie Wanless. Este é um bom exemplo do uso do godê para dar forma e movimento.

Saias rodadas podem ser feitas a partir das laterais usando a técnica de bordas com babados (da página anterior). Podem ser feitas em um pedaço contínuo; por exemplo, para fazer uma saia assentar em uma cintura 66 cm, você precisaria dividir essa medida pelo número de painéis necessários. Se seis painéis são necessários (66 cm dividido por 6 = 11 cm), cada painel deverá medir 11 centímetros na borda da cintura.

1. Faça uma amostra de tensão para calcular o número de carreiras em um comprimento de 11 cm.
2. Monte o número de pontos para o comprimento necessário da saia (isso pode ser calculado a partir da amostra de tensão). O comprimento da saia será limitado pelo comprimento da frontura da máquina – lembre-se de que você está tecendo a partir das laterais. Faça carreiras suficientes para medir 5,5 cm (metade de um painel).
3. Coloque a alavanca de retenção em posição de espera. Adicione o godê em todo o comprimento da saia. A largura do godê vai depender de quantas agulhas por vez você vai colocar em posição de espera e de quantas carreiras vai tecer no meio. Por exemplo, se segurar uma agulha a cada duas carreiras, o resultado será um godê mais amplo do que se segurar cinco agulhas a cada duas carreiras; fazendo cinco carreiras entre cada agulha em espera, você terá um godê mais amplo do que fazendo tecer duas carreiras entre cada agulha em espera.
4. Tire a alavanca de retenção da espera e volte a tecer normalmente. Faça a outra metade do painel, o suficiente para medir 5,5 cm; isso completa o painel.
5. Repita o processo mais cinco vezes. A borda da cintura medirá 66 cm e a borda da bainha ficará rodada.

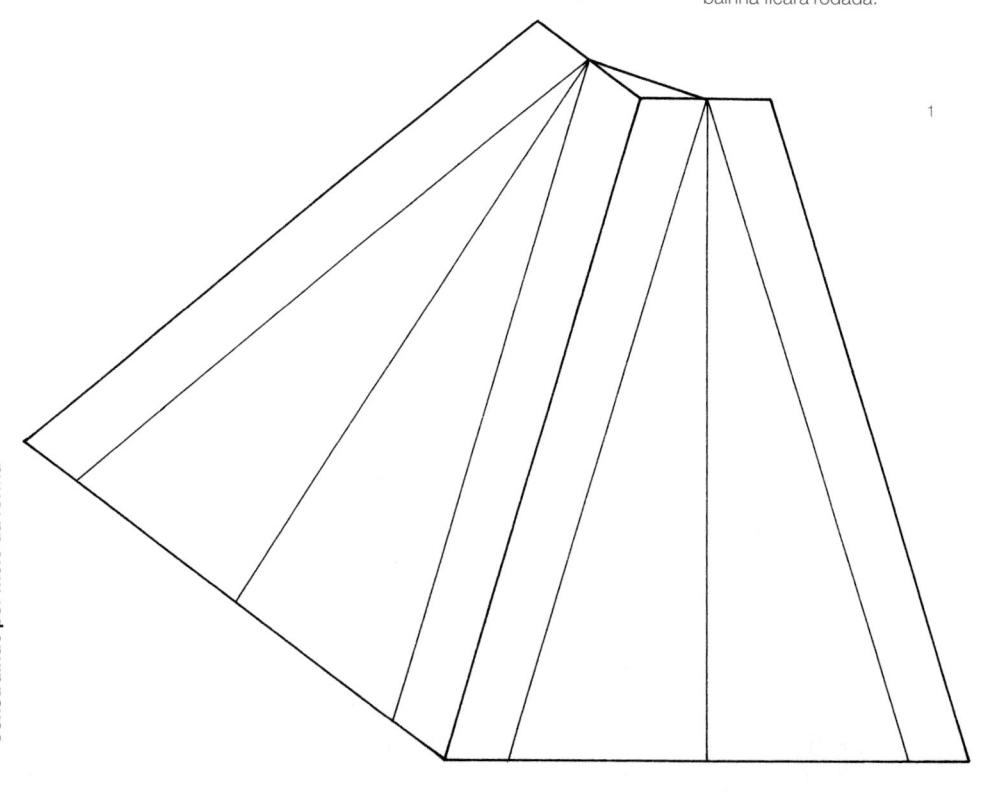

1

108 / 109

Malha parcial: efeitos tridimensionais > **Criando formas rodadas** > Aumentando e diminuindo

Construindo por meio da forma

Aumentando e diminuindo

1. Técnica de modelagem *full fashion*, mostrando a diminuição (esquerda) e o aumento (direita).
2. Vestido assimétrico, de Juliana Sissons, que foi feito com a técnica de malha parcial e mostra o *full fashion*. Fotografia de David Wilsdon.

Usando um transportador, é possível transferir um único ponto ou vários pontos em um só movimento. Esse movimento aumenta ou diminui o número total de pontos a serem tecidos. A modelagem pode ser usada em uma borda externa ou para formar pences dentro do corpo da malha.

Modelar pelo método *full fashion* envolve transferir pontos na borda do tecido. Ao diminuir ou estreitar a forma, um grupo de pontos é movido de uma só vez; o ponto central do grupo é colocado em cima do ponto adjacente a ele, perdendo assim uma agulha na ponta. Você deve se lembrar de colocar essa agulha em posição de não trabalho, para evitar que ela volte a tecer com a carreira seguinte. Também é possível mover os pontos por duas ou três agulhas, perdendo duas ou três agulhas na ponta. Repetindo essa ação ao longo da borda externa de uma malha, você cria uma linha bem definida, uma característica própria do *full fashion*.

Aumentando os pontos de fora (fazendo a peça de malha ficar mais larga), cria-se um espaço adjacente à agulha central do grupo que está sendo movido, o que deixa um vazado na malha. Tecendo dessa forma, forma-se uma linha de vazados na borda, podem formar um galão decorativo como parte do design, ou que podem ser preenchidos, movendo um ponto para cima sobre a agulha vazia da carreira anterior. Para aumentar mais de um ponto de cada vez, coloque o número necessário de agulhas em posição de trabalho e monte utilizando o método de enrolar (*e-wrap*) normalmente.

Essas transferências também são usadas para criar vazados em acabamentos decorativos. Quando é feita a transferência de um único ponto, este pode ser colocado em cima do ponto de sua agulha adjacente, para serem tecidos juntos na próxima carreira, formando um vazado quando as próximas duas carreiras forem tecidas. Nota: se a agulha vazia é colocada em posição de não trabalho, uma escada irá se formar.

Em uma máquina de dupla frontura, é possível transferir pontos de uma frontura para a outra com uma agulha com dois orifícios (que tem um orifício em cada extremidade), o que facilita a transferência do ponto de uma frontura para a outra.

110 / 111

1

2

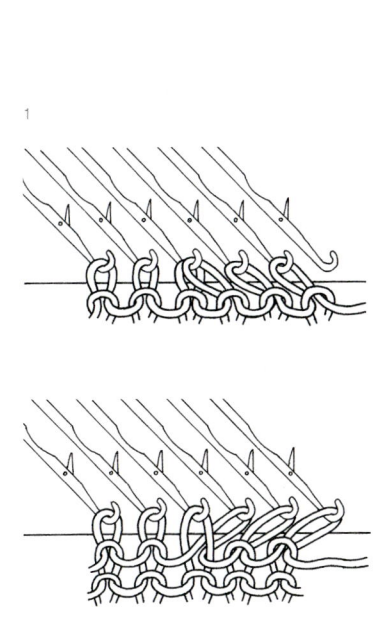

Criando formas rodadas > **Aumentando e diminuindo** > **Modelando**

Construindo por meio da forma

Diminuindo ao segurar os pontos

Ombros e outros ângulos rasos podem ser feitos usando a técnica de colocar as agulhas em espera (malha parcial). A alavanca de retenção é colocada em espera e os ombros são modelados um de cada vez. O carro deve estar no lado oposto ao ombro que está sendo modelado. As agulhas são colocadas em espera gradualmente, trabalhando a partir da borda externa (por exemplo, duas agulhas a cada duas carreiras) até a forma estar concluída. Os ombros podem então ser arrematados separadamente de forma normal.

1 Malha de Juliana Sissons. Os painéis com formato do corpo foram ajustados usando a técnica de *full fashion*. A técnica de espera foi utilizada para criar diferentes comprimentos de cortes e painéis circulares no quadril.

Modelando uma pence vertical

Pences verticais podem ser encontradas no corpo de uma peça de roupa, como em um decote ou saia.

1. Coloque o fio na máquina e monte a quantia desejada de pontos. Faça várias carreiras.
2. Transfira o ponto central para a agulha à esquerda, deixando uma agulha vazia no meio.
3. Use um transportador para mover os próximos três pontos à direita um espaço à esquerda. Repita essa ação até que todos os pontos do lado direito sejam transferidos para o esquerdo. Isso vai deixar uma agulha vazia na ponta direita. Coloque a agulha na posição de não trabalho.
4. Repita o processo a cada quatro ou cinco carreiras, até que tenha concluído a quantidade necessária de modelagem. Dentro do corpo da malha, mais de uma pence pode ser realizada ao mesmo tempo. Um transportador ajustável de multifio é útil para isso, ou uma barra de liga pode ser usada.

Modelando uma pence horizontal

1. Coloque o fio na máquina e monte a quantia desejada de pontos. Faça várias carreiras, terminando com o carro à direita.
2. Coloque a alavanca de retenção em espera. Coloque as duas primeiras agulhas da esquerda em posição de espera e faça duas carreiras. Coloque as próximas duas agulhas da esquerda em posição de espera e teça duas carreiras. Continue até que 20 agulhas estejam em espera e o carro esteja do lado direito (sentido da mão).
3. Retire a alavanca da posição de espera e continue a tecer normalmente. A largura e o comprimento da pence resultante dependem do número de agulhas colocadas em espera e o número de carreiras tecidas.

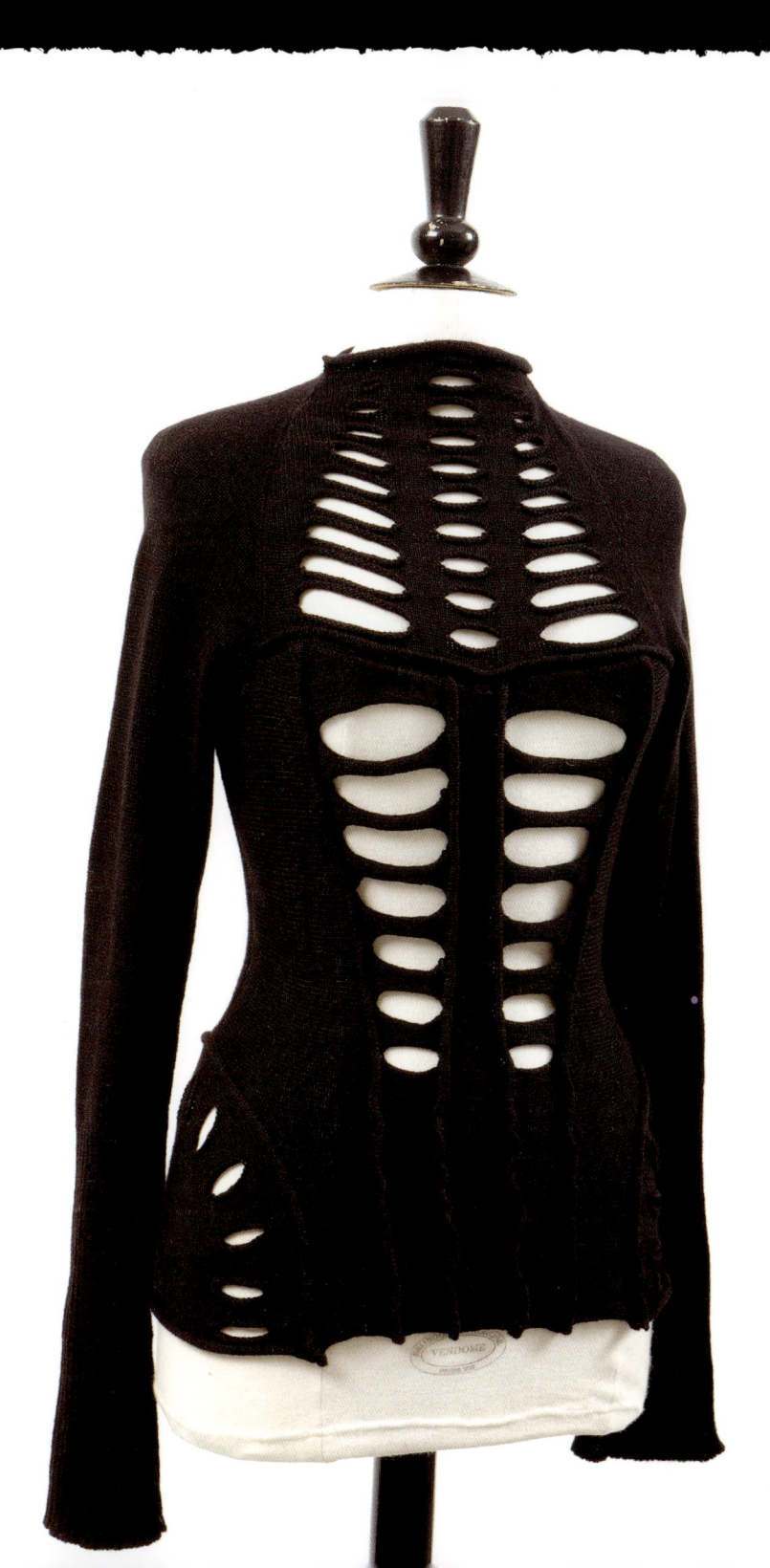

Criando formas rodadas > **Aumentando e diminuindo** > **Modelando**

Construindo por meio da forma

1 Molde plano em um papel com desenho de pique e cruz.
2 Dois blocos básicos do corpo em papel-cartão.

Modelando

O manequim tem um papel importante no processo de modelagem da forma. Bases de modelagem, padronagens e peças de malha podem ser conferidas e ajustadas. As bases também podem ser moldadas direto no manequim, sem o uso de moldes de papel, para um resultado visual mais rápido; esse é um método de corte de moldes normalmente preferido pelos iniciantes. No entanto, os melhores resultados são conseguidos por meio da combinação de moldes planos com a moulage no manequim, e é importante conhecer e compreender ambos.

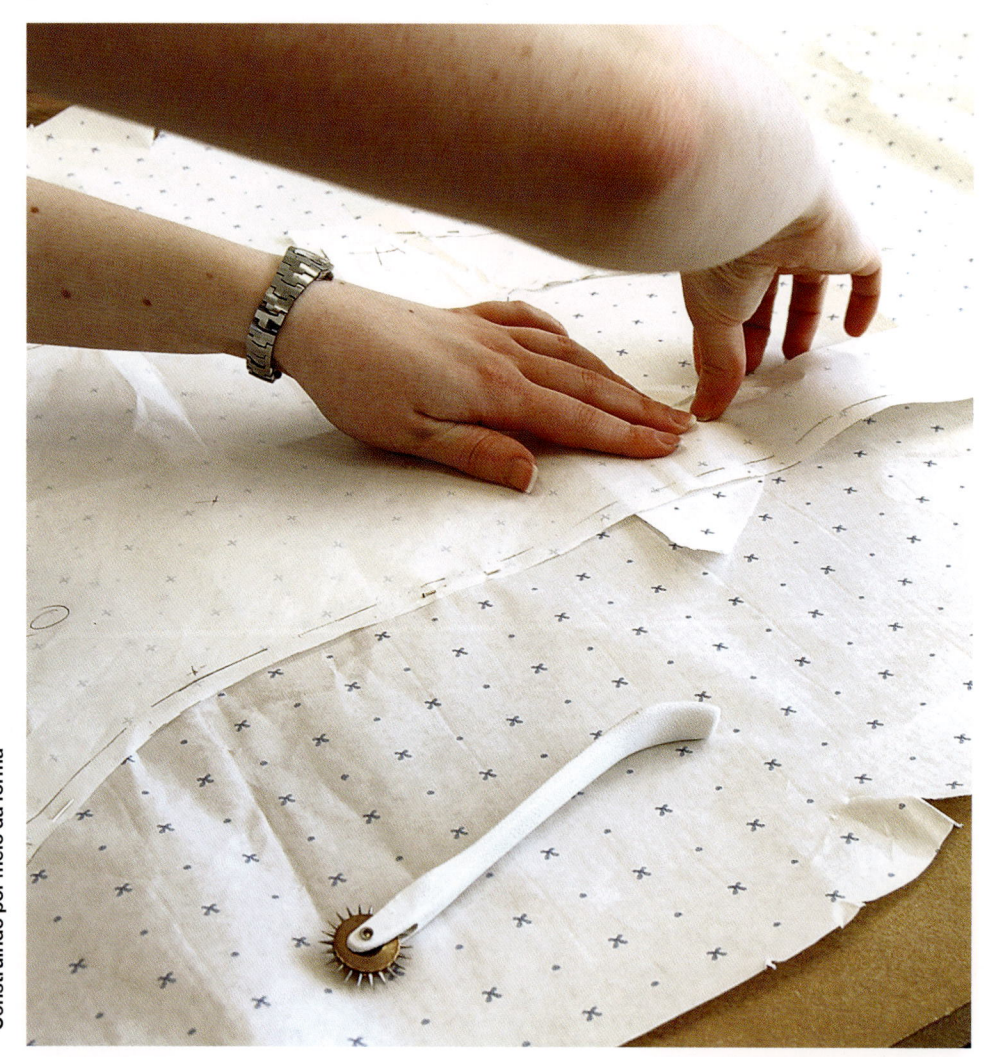

1

Bases de modelagem

Na modelagem plana, começa-se com o desenho da base de modelagem básica que se ajusta a uma figura de tamanho padrão. A base é usada como modelo para novos estilos, pregas, dobras, godês e uniões; pode ser adaptada em muitas variações de design sem perder seu tamanho e forma originais.

Cada tipo de peça de roupa exige uma base específica. Por exemplo, a base básica do corpo sem pences e a base com folgas, ambas com mais folga do que a base do corpo ajustado, são mais adequadas para jaquetas ou casacos, e podem ser adaptadas para terem um caimento ainda mais folgado. Bases de vestidos podem ter a folga reduzida para poderem ser usados em vestidos estilo lingerie. Blocos com elastano têm um ajuste mais apertado e podem ser um bom ponto de partida para alguns projetos de malhas. Veja como fazer uma base padrão na página 122.

Moldes para malha

Bases do corpo usados para malha são diferentes daquelas utilizados para materiais entrelaçados. Elas não têm pences, são um pouco mais apertadas e, devido à natureza do tecido elástico, não têm margem de costura incluída. Cada designer ou empresa vai usar bases que sejam adaptadas para servirem em seu estilo particular de malhas.

Após a base ter se transformado em um molde desenvolvido, o molde de malha pode ser calculado. O molde contém o número de pontos e carreiras em cada seção, calculados tomando-se todas as medidas horizontais e verticais do molde e usando-se a amostra de tensão da malha.

Amostras de malha e testes parciais de roupas podem ser feitos para testar a elasticidade da malha em relação ao toile. As peças de malha tendem a variar em relação ao toile e têm de ser ajustadas, normalmente por tentativa e erro, até que um ajuste perfeito seja alcançado. Veja como fazer um molde de malha na página 123.

Amostras de malha

Moldes prontos são feitos com toiles em jersey para designs em malha. O toile é utilizado para conferir as linhas de design, a proporção e o ajuste antes que o projeto seja feito na malha final ou transformado em um molde para tecer. Depois que a primeira amostra da peça estiver concluída, o projeto está pronto para ser mostrado aos compradores e, se os pedidos são recebidos, o molde é graduado para os tamanhos necessários. A British Standards Institution publica tabelas de tamanhos, utilizadas pelos fabricantes como um guia quando estão graduando para cima ou para baixo do tamanho básico.

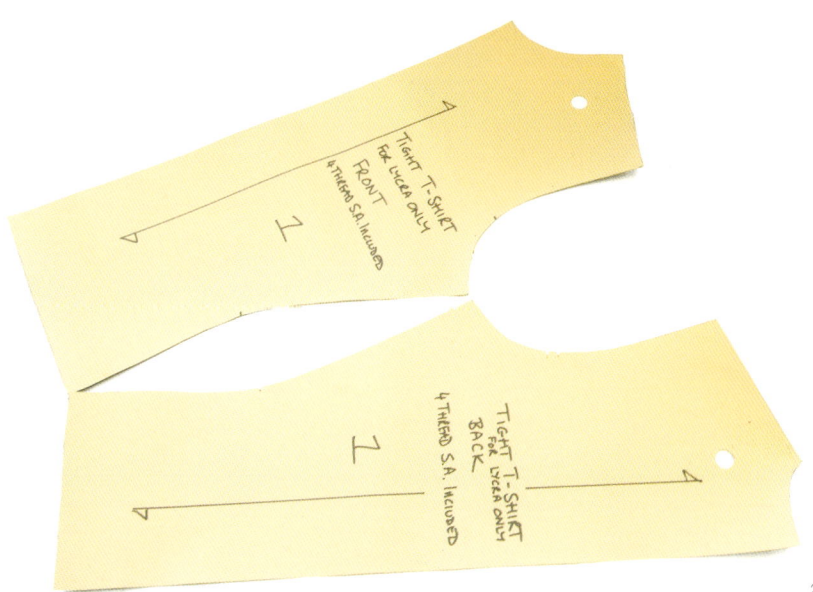

Construindo por meio da forma

Utilizando o manequim

Modelar no busto sem dúvida dá maior liberdade e espontaneidade, pois permite criar um design tridimensional. Jerseys fluidos podem ser alfinetados em pontos estratégicos para produzir volume na forma de golas e drapeados. Grandes formas em malha podem ser enroladas ao redor do manequim para criar texturas interessantes e linhas de costura, e tecidos em toile de jersey são moldados nos espaços negativos, a fim de criar formas do molde para as partes que faltam.

É importante que o seu projeto seja legível para que ele possa ser transformado em um molde. Todas as marcações verticais e horizontais do manequim devem ser desenhadas no tecido de toile, como o centro da frente, centro das costas e costuras laterais, bem como a linha do tórax, busto, cavas, cintura e quadril. Todas as pences, dobras, pregas e linhas de dobra também devem ser marcadas com cuidado, assim como os pontos de encaixe; notas de instruções de encaixe, como "ponto A para A" e "B para B", são especialmente úteis quando se trabalha com complicados designs drapeados.

Após o projeto ter sido concluído no busto, as medidas têm que ser verificadas e as correções feitas. Todas as costuras laterais e linhas de estilo, sejam elas retas ou curvas, precisam estar de acordo com o comprimento. Isso é difícil de conseguir quando se alfineta sozinho no manequim.

Nota: só modele no busto com um tecido de toile que tenha peso e espessura semelhantes aos do tecido em que o projeto final será feito.

Forrando o busto

Os bustos podem ser forrados para obter medidas diferentes, o que é útil quando se produz para clientes individuais, especialmente se as figuras são desiguais em todas as formas. Uma pequena deficiência é arrumada colocando-se enchimento e mantendo-o no lugar com tiras de algodão. Para uma alteração maior, uma base do corpo básico em algodão é realizado a partir de um molde desenhado para o tamanho necessário. O busto é preenchido com pequenas camadas de enchimento e construído gradualmente para se ajustar ao toile. A espessura é graduada em torno do busto, tiras de algodão são usadas para manter o enchimento no lugar, e então o toile é montado sobre a parte superior.

Decotes drapeados

Decotes drapeados são criados com a inserção de uma forma triangular, semelhante a um godê. Um decote em forma de V pode ser elaborado com o molde da base básica do corpo, cerca de 1 a 3 cm de distância da linha do pescoço. A forma triangular é desenhada em um papel separadamente; suas bordas externas devem ter o mesmo comprimento que o da gola. A linha do centro do triângulo é cortada para baixo até o ponto, e aberta com o método pivot. O molde é então redesenhado ao longo da borda superior para incluir a forma mais volumosa; essa largura da borda superior vai dar a profundidade do drapeado da gola da frente. Experimente com essa técnica básica para atingir diferentes comprimentos e volumes na modelagem. Você também pode modelar um toile de jersey direto no busto para um resultado visual mais rápido.

Outra maneira de conseguir um efeito drapeado no decote é tecer o corpo verticalmente, utilizando a malha parcial (ver página 102). Decida a profundidade e a largura do topo do primeiro triângulo (para alcançar a forma e o tamanho do drapeado) e então calcule o molde, mantendo o número necessário de agulhas em espera sobre o número demandado de carreiras.

1 Toiles de jersey podem ser alfinetados em pontos sobre o busto para produzir um decote drapeado.
2 Design drapeado, de Juliana Sissons, utilizando a técnica de escada. Fios finos de linho foram usados em combinação com um acrílico macio.

Construindo por meio da forma

Formas do corpo básico

A não ser quando se desenvolve designs assimétricos, apenas um lado do busto é usado, caso em que ambos os lados do manequim são utilizados

1. Prepare uma peça de tecido para toile com 10 cm de comprimento maior do que o comprimento das costas (medição da nuca à cintura) e amplie o suficiente para cobrir metade das costas.
2. Alfinete com o fio reto para baixo do centro das costas em direção à cintura, com cerca de 5 cm acima do decote e 5 cm abaixo da linha da cintura.
3. Segure o tecido em linha reta em toda a largura da parte de trás, em direção à cava, e alfinete até a axila (cuide para que o fio do tecido esteja reto).
4. Trabalhe a partir do centro do decote das costas, um pouco de cada vez, cortando e marcando as linhas de encaixe do pescoço, do ombro e da cava.
5. Caso esteja usando um toile de tecido elástico, trabalhe do centro para fora das costas para suavizar o volume na cintura das costas. Marque as linhas laterais e a cintura. Alfinete o busto e corte o tecido excedente, deixando cerca de 2 cm de sobra. Se estiver usando um toile de algodão, mantenha o fio reto, marque as linhas laterais e alfinete para segurar. Alfinete e marque a pence da cintura e corte o tecido excedente. Alfinete e marque a linha da cintura e corte o tecido excedente, deixando cerca de 2 cm de sobra.
6. Para a frente, prepare o toile de tecido da mesma maneira que as costas. Alfinete com o fio reto sobre o centro da frente, com cerca de 5 cm para cima do decote e cinco centímetros baixo da cintura.
7. Segure o tecido em linha reta ao longo da linha do busto, alfinete para segurar no ponto da axila, mantendo o fio do tecido reto.
8. Para trabalhar ao redor do decote e do ombro, alfinete, marque e corte o excesso de tecido, encaixando com o ombro das costas. Se estiver usando um toile de tecido elástico, trabalhe a partir do centro da frente para fora, a fim de suavizar o volume no ombro e cava; marque e alfinete. Se estiver usando toile de tecido em algodão, mantenha o fio reto, marque e alfinete uma pence no centro do ombro até o ponto busto. Alise para fora na linha da cava, marque e alfinete.
9. Ajuste e alfinete debaixo do braço com a costura lateral das costas. Se estiver usando um toile de tecido elástico, trabalhe no sentido do centro para fora, para suavizar o volume na costura lateral, a fim de evitar a criação de uma pence na cintura; marque e alfinete a linha lateral e a cintura. Corte o tecido excedente, deixando cerca de 2 cm de sobra. Se estiver usando toile de algodão, alfinete debaixo do braço até a costura lateral, alfinete e marque a pence na linha da cintura, onde a sobra do tecido aparece. Alfinete e marque a cintura. Corte o tecido excedente, deixando cerca de 2 cm de sobra.

1–4 Aqui, o jersey foi preso ao busto através da linha do centro da frente. Ele foi suavizado sobre o ombro e alfinetado debaixo da linha da cava. O pescoço e cava foram então cortados para dar a forma do corpo.

1

2

3

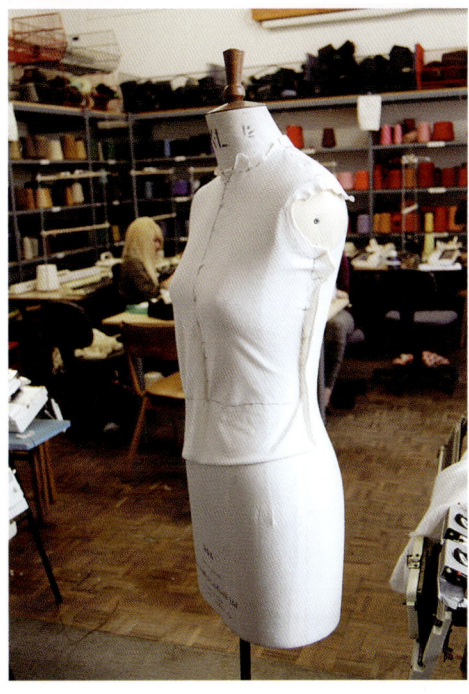

4

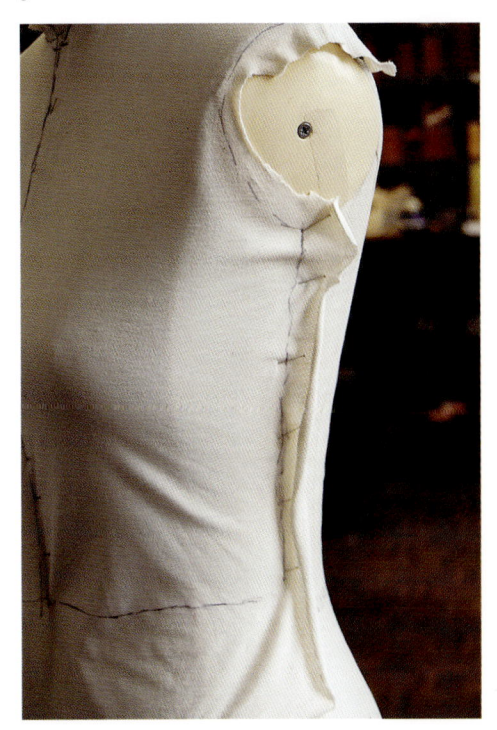

Aumentando e diminuindo > **Modelando** > Criando padronagens para malha

Construindo por meio da forma

1–3 Seleção de padronagens vintage para malha.

Criando padronagens para malha

Antes de dar início a um padrão ou padronagem, é preciso considerar uma série de coisas. Para sua primeira tentativa, o melhor é trabalhar em uma peça simples que exija pouca moldagem. Tiras de ribana, tais como bainhas, punhos, golas e assim por diante, devem ser capazes de se esticar e se ajustar ao corpo. Para calcular o número de pontos necessários para fazer uma ribana, calcule a largura da parte da peça de roupa ao qual ela será anexada. Quando a ribana é tecida junto a essa borda, ela puxa automaticamente o tecido para ajustar-se ao corpo.

A elasticidade será diferente em cada peça de malha, dependendo do fio, da tensão e da técnica utilizada. O ponto de partida é a amostra de tensão. Teça um número de amostras de tensão até atingir o visual desejado para a malha. Deve ser feita uma amostra para cada fio e técnica de padronagem utilizada.

Esboce a roupa para ajudar a calcular a padronagem; esse desenho não precisa ser em escala real, mas deve dar todas as medidas de largura e comprimento. Adicione 5 cm extras na largura para dar a folga (a menos que o design seja ajustado ao corpo, caso em que menos folga é necessária).

Medidas

Sempre que possível, tire as medidas reais do corpo da pessoa para quem você irá tecer, a menos que esteja fazendo roupas para um tamanho padrão. As seguintes medidas são necessárias para a base de modelagem do corpo básico.

- Busto: medir em torno da parte mais saliente do busto (tamanho padrão 88 cm)
- Nuca à cintura: medida do osso da parte de trás do pescoço até a cintura natural. Comprimento extra pode ser adicionado conforme desejado (tamanho padrão 40 cm)
- Profundidade da cava: medida do ponto do ombro até o ponto da axila na costura lateral. Esta medida pode variar, dependendo do comprimento desejado (tamanho padrão 21 cm)
- Tamanho do pescoço: medida em torno da base do pescoço (tamanho padrão 37 cm)
- Ombro: medida da base do pescoço até a ponta do ombro (tamanho padrão 12,5 cm)
- Largura das costas: medir em torno das costas de axila à axila (tamanho padrão 34,5 cm)
- Comprimento do braço: medida do ponto do ombro ao pulso, ao longo do braço levemente dobrado (tamanho padrão 58,5 cm)
- Bíceps: medida em torno da parte mais larga do braço. Esta medida pode variar de acordo com o efeito desejado (tamanho padrão 28,5 cm)
- Pulso: tamanho padrão 18 cm (certifique-se de que a medida do pulso permita que passe um punho fechado)

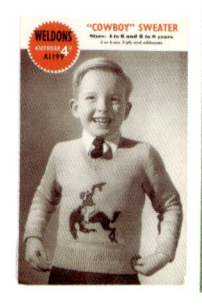

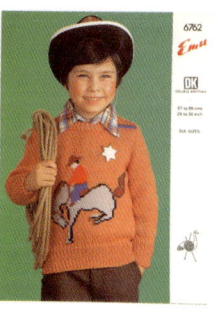

2

3

Construindo por meio da forma

Base de modelagem básica com manga clássica

Desenhe uma base de modelagem básica com elasticidade a partir das medidas da página 121. Você pode adicionar mais folga no busto e profundidade de cava quando necessário e 5 cm ou mais à medida do bíceps. Para criar um molde mais ajustado e com cava mais alta, reduza a profundidade da cava em 2 ou 3 cm. O comprimento do corpo e manga também pode variar.

Corpo frente e costas

1. 1–2 Nuca à cintura. Esquadre de 1 a 2.
2. 1–3 Um quinto da medida do pescoço.
3. 1–4 Profundidade da cava mais profundidade de inclinação do ombro (por exemplo, 3 cm).
4. 4–5 Esquadre na altura da medida de um quarto do busto.
5. 5–6 Esquadre para baixo até 6, para encontrar a linha do ponto 2.
6. 4–7 Metade da largura das costas
7. 7–8 Esquadre para cima, a partir do ponto 7, até encontrar a linha do ponto 1.
8. 8–9 Profundidade de inclinação do ombro (por exemplo, 3 cm). Una 3-9.
9. 5–10 Desenhe a curva, tocando a linha do ponto 4 por aproximadamente 3 cm. Você tem agora metade do corpo das costas.
10. Desenhe o decote das costas do topo do desenho do corpo, a partir do 3, conforme necessário (certifique-se de que as medidas do pescoço da frente e das costas não somem menos do que metade do tamanho do pescoço).
11. Trace o decote da frente para conseguir dois moldes separados: a metade do corpo da frente e a metade do corpo das costas.

Manga

1. 1–2 Comprimento da manga. Esquadre para baixo para encontrar a linha do ponto 2.
2. 1–3 Metade da medida do bíceps. Esquadre para baixo até encontrar o ponto 2.
3. 1–5 Desenhe uma linha a partir do ponto 1, que é a medida da profundidade da cava, até tocar a linha 3-4.
4. 5–6 Esquadre através do ponto 5 ao 6, até a linha 1-2.
5. 5–7 Um terço da medida de 5-1; use esse ponto para direcionar a curva da cabeça da manga.
6. 5–1 Desenhe uma curva a partir do ponto 6, tocando a linha aproximadamente 3 cm, através do ponto 7 para terminar em 1. Certifique-se de que o tamanho da cabeça da manga tenha a mesma medida da cava no corpo (pode ser necessário ajustar a curva a fim de obter a medida correta).
7. 2–8 Comprimento do punho. Esta pode ser qualquer medida que você escolher, dependendo do projeto. Esquadre transversalmente (de 8-9) para metade da largura da manga, tendo em conta a medida do pulso.
8. 9–10 Esquadre para baixo da linha do 2 ao 4. Una 9 ao 5.
9. Isto lhe dará metade da manga. A outra metade é espelhada a partir da linha do centro do comprimento da manga.
10. Uma vez que os blocos do corpo e da manga tenham sido desenhados, uma margem de costura de 1 cm pode ser adicionada a todas as bordas. Faça um toile elástico de jersey para verificar tamanho e proporções. Neste ponto, a largura da cintura pode ser reduzida e ajustada ao longo das costuras laterais.

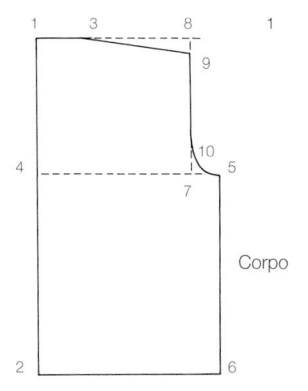

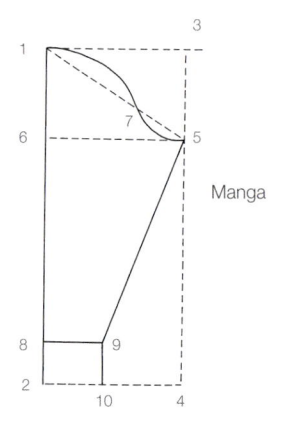

1. Molde simples para bases básicas com manga clássica.
2–3. Base simples para corpo de malha básico e manga com margens para folgas. Ambos incluem medidas, pontos e carreiras calculados.
4. Esta é a ilustração do decote da frente, com pontos e carreiras, utilizando a tensão da amostra de 3 pontos e 4 carreiras para 1 cm.

Molde de malha para a base básica

Este simples molde do corpo destina-se a ilustrar o princípio geral do cálculo de um molde para malha; a forma é apenas um ponto de partida e pode ser adaptada para alterar o estilo. Os ombros podem ser inclinados, a cabeça da manga e a manga podem ser moldadas e os decotes variados.

Todas as medidas de largura e comprimento são escritas sobre o desenho da peça. Esta forma simples mostra o corpo da frente e das costas e uma manga esquadrada. A cabeça da manga é o dobro da medição da profundidade da cava (por exemplo, 19 x 2 = 38 cm). Este exemplo usa uma profundidade estimada do decote da frente de 10 cm. O decote das costas é sempre reto através das costas.

A próxima etapa é trabalhar com o molde de malha usando medidas de um quadrado de tensão. Este exemplo utiliza uma medição de tensão de 3 pontos e 4 carreiras para 1 cm.

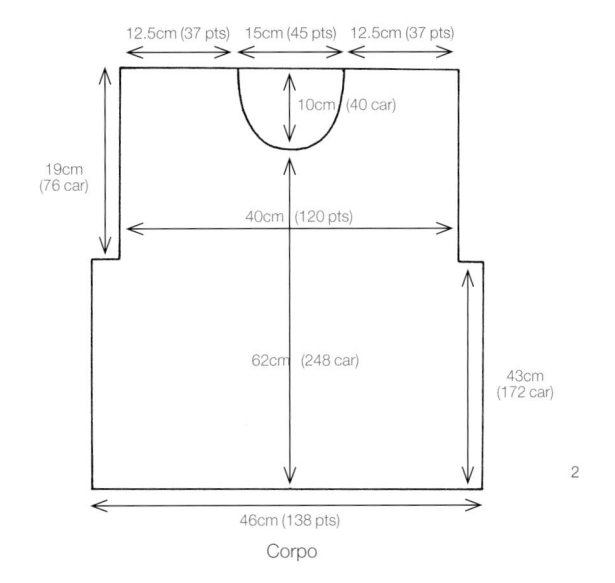

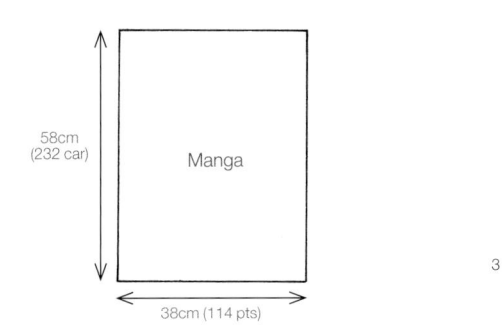

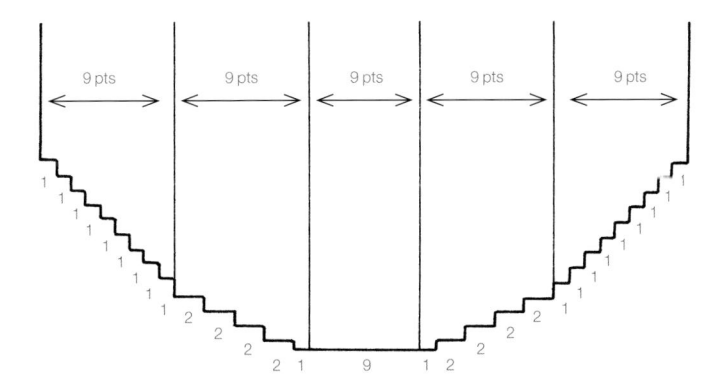

Construindo por meio da forma

Tecendo o molde

1. Monte 138 pontos.
2. Faça 172 carreiras.
3. Arremate 9 pontos de cada lado.
4. Faça 36 carreiras. O decote da frente vai começar a ser de tecido a partir desta carreira. Se estiver tecendo as costas, continue por mais 40 carreiras e arremate.
5. Decote da frente: divida a largura do pescoço (45 pts) em 5 partes iguais (9 pts).
6. Coloque o carro no lado da mão direita (120 pts na frontura).
7. Coloque 61 agulhas do lado da mão esquerda em espera.
8. Segure 5 agulhas a partir do centro para a direita. Faça 2 carreiras.
9. Segure 2 agulhas do centro para a direita. Faça 2 carreiras. Repita 3 vezes.
10. Segure uma agulha do centro para a direita. Faça 2 carreiras. Repita 8 vezes.
11. Para as próximas 12 carreiras, teça em linha reta.
12. Arremate o ombro direito. O ombro deve ter 37,5 pontos, mas como um meio ponto não é possível, o número será arredondado para 38 ou 37 pontos por ombro. Isso pode ser ajustado na linha do pescoço e, porque o tecido é elástico, um ponto fará pouquíssima diferença para o ajuste do decote.
13. Coloque os 61 pontos no lado esquerdo de volta em ação usando um transportador.
14. Reinsira o fio e coloque o carro para o lado esquerdo da frontura.
15. Segure 6 agulhas a partir do centro para a esquerda. Faça 2 carreiras.
16. Segure 2 agulhas do centro para a esquerda. Faça 2 carreiras. Repita 3 vezes mais.
17. Segure 1 agulha do centro para a esquerda. Faça 2 carreiras. Repita 8 vezes.
18. Teça 12 carreiras retas.
19. Arremate o ombro esquerdo.
20. Coloque todas as agulhas de volta na posição de trabalho, com um transportador, e arremate os pontos restantes.
21. Manga: monte 114 pontos e teça 232 carreiras. Arremate.

1–2 Designs de Natalie Osborne, mostrando diferentes estilos de decote.

Cálculos de pontos e carreiras

O cálculo de pontos e carreiras é muito importante para a fabricação de uma peça de vestuário; muitas vezes, você vai precisar para moldar linhas diagonais ou inclinadas, como para decotes, ombros, cavas e mangas. Todas as peças modeladas são calculadas basicamente da mesma forma: divida o número de pontos que precisam ser diminuídos com o número de carreiras que você precisa para tecê-las; isso vai lhe dar o número de carreiras a serem tecidas entre cada ação de diminuição.

Modelando o decote

A maioria dos decotes é trabalhada de forma semelhante, muitas vezes trabalhando-se parcialmente no centro e, em seguida, tecendo-se os dois lados separadamente de acordo com a forma; enquanto trabalha em um lado, o outro é colocado em espera. Como alternativa, os fios de sobra podem ser tecidos do lado que não foi moldado primeiro: isso leva a malha para fora da máquina por um tempo e pode ser útil quando se trabalha com fios muito finos, pois evita que o carro passe muitas vezes por cima das agulhas em espera. Um dos estilos mais simples é o decote quadrado, em que os pontos do centro são apenas arrematados, então cada lado é tecido separadamente para cima.

Para um decote redondo, você terá que verificar se a medida total está correta; se não, a forma terá de ser ajustada para se adequar. O decote das costas pode muitas vezes ser reto, mas para uma malha mais fina, é melhor ter uma ligeira curva. O decote redondo pode ser facilmente convertido em um decote V, desenhando uma linha a partir do ponto do pescoço até a linha do centro da frente. Ambos os estilos de decote são adequados para uma variedade de projetos de gola que podem ser anexadas (ver golas na página 132).

Abreviação
Ponto(s) = pt(s)
Carreira(s) = car

Quando fizer uma peça com decote em V, você vai precisar colocar em posição de espera a metade das agulhas do lado oposto ao carro, para que elas não teçam. Forme o "V", colocando o número necessário de agulhas em espera, em carreiras alternadas (ou de acordo com os cálculos do molde). Continue dessa maneira até que apenas o número necessário de pontos para o ombro seja deixado em posição de trabalho. Depois de completar um lado e arrematar o ombro, o outro lado pode ser trabalhado.

Construindo por meio da forma

Modelando o ombro

Uma manga colocada deve ter uma linha de ombro inclinada. Os ombros são moldados pela colocação de agulhas em espera em carreiras alternadas, a partir da linha da cava no lado oposto ao carro.

Para calcular a inclinação do ombro, desenhe uma linha horizontal sobre o molde de papel, a partir do ponto de fora, baixe o ponto do ombro para dentro em direção ao pescoço; depois, faça uma linha vertical para cima, a fim de tocar a linha do pescoço. A linha vertical vai lhe dar a altura da inclinação e do número de carreiras que precisam ser tecidas. A linha horizontal dá o comprimento do ombro e o número de pontos que precisam ser colocados em espera. Divida o número de carreiras pelo número de pontos para calcular o número de agulhas a serem seguradas em carreiras alternadas. Quando a forma está completa, as agulhas em espera são colocadas de volta em posição de trabalho, com um transportador. Uma carreira pode ser tecida antes de arrematar (se a costura é para ser feita mais tarde, você vai precisar tecer com resíduos de fios).

Um ombro reto ou caído não requer forma alguma. Muitas vezes, o pescoço e o ombro são tecidos unidos com as costas. Se um corte na linha do decote é necessário, o decote da frente também pode ser tecido com a linha do ombro.

Modelando a cava

Para tecer as cavas, você precisará calcular quantos pontos devem ser diminuídos e quantas carreiras serão necessárias para diminuir esse número de pontos.

Para diminuir 5 cm para dentro, a uma altura de 8 cm, primeiro consulte a sua amostra de tensão. Este exemplo é de 3,7 carreiras e 3,3 pontos em um quadrado de 1 cm:

8 cm x 3,7 = 29,6
(cerca de 30 carreiras)

5 cm x 3,3 = 16,5
(cerca de 16 pontos)

30 dividido por 16 = 1,87
(aproximadamente 2)

16 pontos precisam ser reduzidos em 30 carreiras. Portanto, um ponto pode ser diminuído para dentro a cada 2 carreiras por 30 carreiras, antes de continuar a tecer em linha reta.

Lembre-se de modelar ambos os lados ao mesmo tempo para conseguir uma forma simétrica, mas também lembre-se de que a malha é elástica, portanto, os cálculos de arredondamento para cima ou para baixo facilitam a alteração da forma desejada.

Para uma forma arredondada de cava, tente arrematar um número de pontos no início da modelagem. Você terá que alternar o início da formação de uma cava para a outra enquanto o carro deve começar do mesmo lado que a cava a ser diminuída. Assim, a cava do lado direito (sentido da mão) será iniciada na próxima carreira da malha.

1   Ilustração mostrando o corpo reto e a forma da cava.
2   Detalhe da cava moldada com uma tira de ribana, de Amy Dyer.

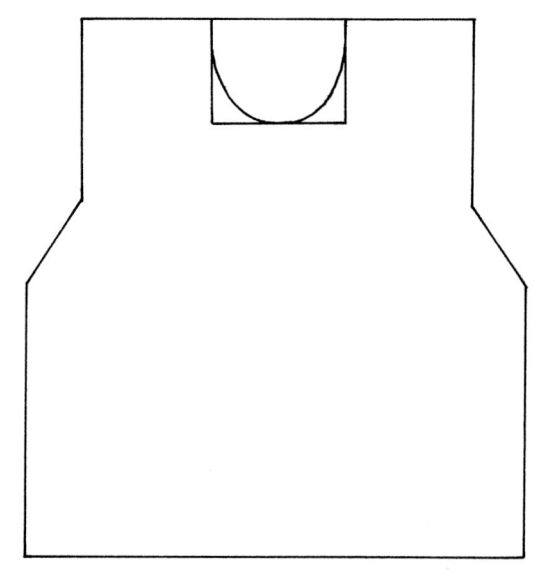

Cava Simples

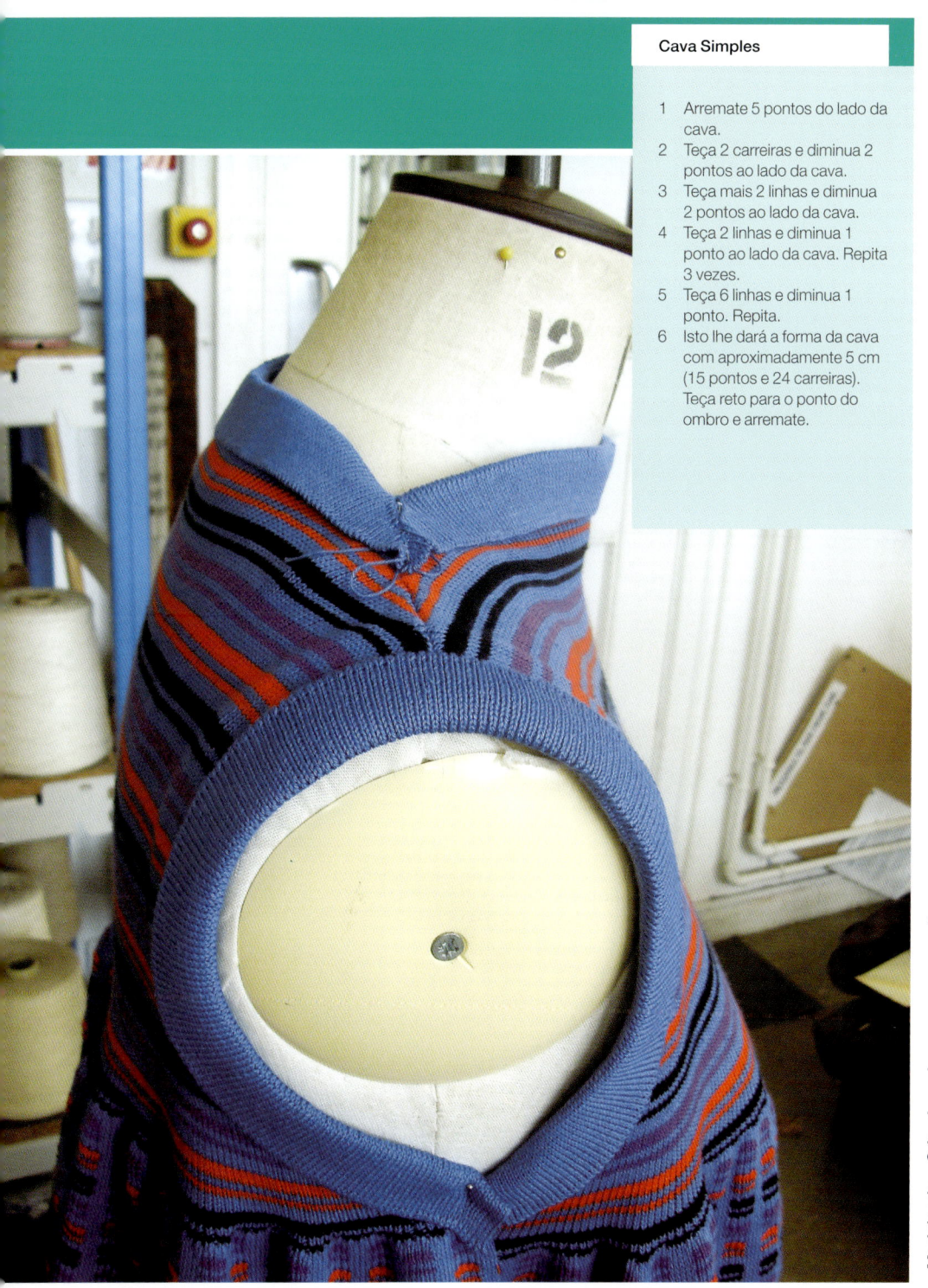

1. Arremate 5 pontos do lado da cava.
2. Teça 2 carreiras e diminua 2 pontos ao lado da cava.
3. Teça mais 2 linhas e diminua 2 pontos ao lado da cava.
4. Teça 2 linhas e diminua 1 ponto ao lado da cava. Repita 3 vezes.
5. Teça 6 linhas e diminua 1 ponto. Repita.
6. Isto lhe dará a forma da cava com aproximadamente 5 cm (15 pontos e 24 carreiras). Teça reto para o ponto do ombro e arremate.

Construindo por meio da forma

Molde da manga

A cabeça da manga deve corresponder ao formato da cava para se encaixar corretamente: uma cava quadrada ou com uma fenda exigirá uma manga com formato retangular; a forma de uma cava exige uma cabeça de manga modelada. Todos os moldes de mangas podem ser adaptados para serem retos, estreitos ou rodados.

1. Molde da manga com um exemplo de tensão de 4 carreiras e 3 pontos por centímetro quadrado.
2. Cabeça da manga com exemplo de tensão de 4 carreiras e 3 pontos por centímetro quadrado.

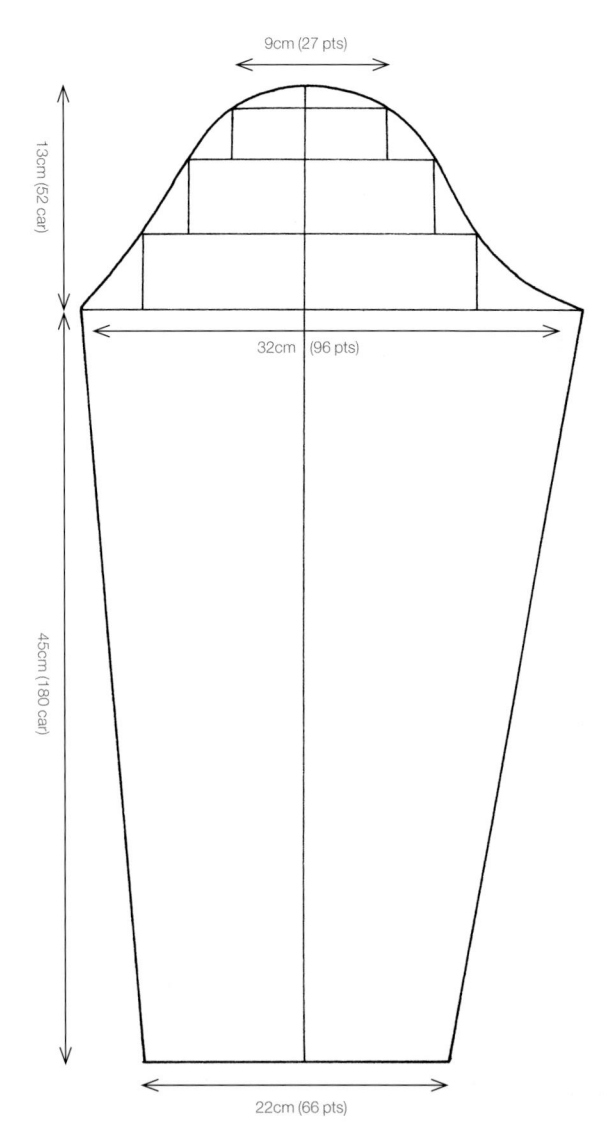

1

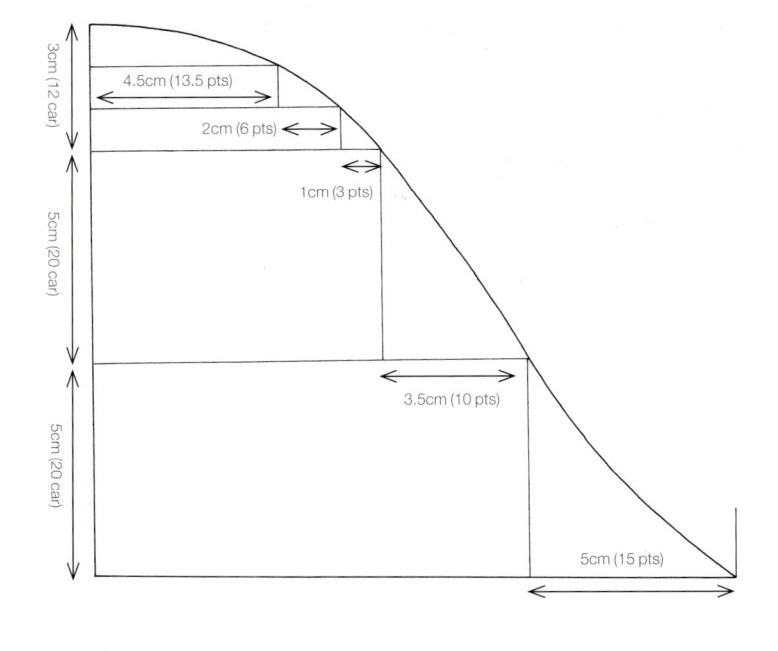

3cm (12 car)
4.5cm (13.5 pts)
2cm (6 pts)
1cm (3 pts)
5cm (20 car)
3.5cm (10 pts)
5cm (20 car)
5cm (15 pts)

2

Molde da manga

A amostra de tensão para este exercício é de 4 carreiras e 3 pontos por um centímetro quadrado – veja as ilustrações 1 e 2.

1. Desenhe uma linha vertical no centro do molde da manga e marque as medidas horizontais e verticais.
2. Divida a cabeça da manga em seções, de acordo com a curva da cabeça – o que facilitará a modelagem (ver ilustração 1).
3. Calcule o número de carreiras e pontos para cada medida (ver figura 2).
4. Monte 66 pontos. Teça 180 carreiras, aumentando 1 ponto de cada lado a cada 12 carreiras (calculado da seguinte forma: 30 pontos extras necessários, 15 de cada lado; 180 dividido por 15 = 12).
5. As seguintes instruções se aplicam a ambos os lados da manga. Para começar a cabeça da manga, temos que diminuir 15 pontos em 20 carreiras (20 dividido por 15 = 1,3). Não podemos diminuir a cada 1,3 carreiras, assim, neste caso, você pode arrematar cinco pontos e depois diminuir 1 ponto a cada 2 carreiras. Como alternativa, reduza 1 ponto a cada carreira nas primeiras 10 carreiras, em seguida, diminua 1 ponto cada 2 carreiras para as 10 carreiras finais.
6. Para a próxima parte da cabeça da manga, diminua 10 pontos em 20 carreiras (20 dividido por 10 = 2). Isso permite que você simplesmente diminua 1 ponto a cada 2 carreiras.
7. A parte final da cabeça da manga é dividida em três seções de 1 cm. Para a seção um, diminua 3 pontos em 4 carreiras (teça 1 carreira, em seguida diminua 1 ponto a cada carreira ao longo de 3 carreiras).
8. Para a segunda seção, reduza 6 pontos em 4 carreiras (você pode diminuir 1 ponto a cada carreira por 2 carreiras e 2 pontos por carreira a cada 2 carreiras).
9. Para a seção três, diminua 13 pontos em 4 carreiras. Uma forma de fazer isso é diminuindo 3 pontos a cada carreira por 3 carreiras, então deixe os 4 pontos finais para serem arrematados. A parte final da modelagem pode ser feita segurando as agulhas e depois arrematando. Se você está diminuindo mais do que dois pontos de uma só vez, é possível que ache mais fácil arrematar esses pontos em vez de diminuí-los.

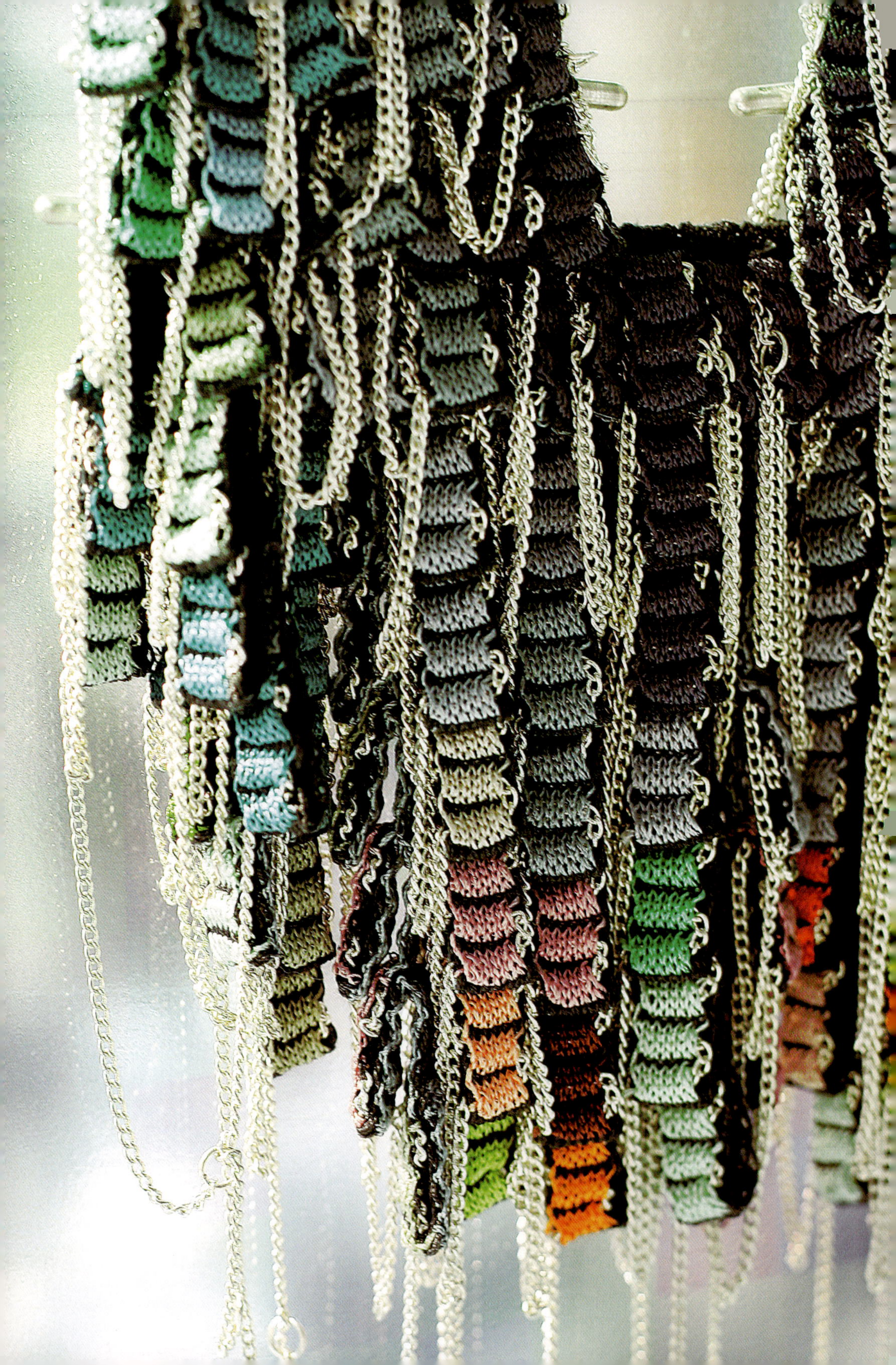

> *"Com todas as listras em azul e rosa, Tenha doces pensamentos ao entrelaçar; Sobre ou debaixo, através e através, segure-os rapidamente e teça-os verdadeiramente"*
>
> L. Glaiser Foster

O acabamento de uma peça de malha é uma parte importante do trabalho, e pode resultar no sucesso ou no fracasso do visual da roupa. Detalhes como guarnições, bordas e fixações devem ser considerados ainda na fase de concepção, em vez de serem deixados apenas para o final.

Este capítulo examina golas, bainhas e bordas, bolsos e fixações. Também analisa as técnicas de acabamento à mão, tais como *blocking*, passar e costurar. Por fim, analisa o bordado e a ornamentação, com uma seção útil sobre o bordado e os pontos com contas.

1. Colar de Elinor Voytal. Elinos faz joias usando seda e viscose tecidas à máquina e ornamentação complexa com metal e cristais.

Detalhes e guarnições

1   Gola rolê em ribana grossa, de Julia Neill.
2   Peças de Victoria Hill, com babados no pescoço (esquerda) e gola rolê (direita).

Golas

As golas geralmente excedem a linha do pescoço da peça de roupa; já as golas tipo faixa seguem a linha da borda do pescoço. Ambas podem tanto ser tecidas diretamente na peça como podem ser tecidas separadamente e anexadas depois. Dependendo da forma e do estilo do design, podem ser tecidas horizontal ou verticalmente, podendo ser caneladas, rendadas, estampadas, ser de malha simples ou ter um estilo extravagante de borda, tal como o picot.

Golas tipo faixa

Golas rolês e golas carecas são estilos comuns baseados no princípio da gola tipo faixa. A gola rolê é um retângulo simples de malha canelada, virada no topo. A fim de assentar-se corretamente, a parte inferior (a parte mais próxima à borda do pescoço) pode ser tecida com uma tensão um pouco mais apertada do que a parte superior (a parte dobrada). Golas rolês ajustam-se melhor ao redor do pescoço se feitas com construção de ribanas; por isso, a tensão deve ser estabelecida separadamente do corpo. A gola careca também é uma peça canelada, porém não é virada e fica mais baixa ao redor do pescoço; os decotes da frente e das costas têm a mesma forma. Essas faixas têm elasticidade, para se ajustarem ao corpo, e são unidas à peça em uma costura no ombro.

Para o decote V, as golas tipo faixa às vezes são formadas no centro da frente de modo que as extremidades se encontram no meio. Faixas para decotes quadrados são feitas em vários pedaços e unem-se sobrepondo as pontas, que é um método mais fácil de finalizar.

Faixas caneladas e golas devem ser elásticas o suficiente para deixar passar a cabeça e ainda se ajustar corretamente a borda do pescoço. Meça a borda do pescoço e calcule o número de pontos necessários com base nas amostras de tensão do tecido. A gola tipo faixa pode ser tecida com um tamanho de ponto um pouco menor, para ficar mais apertada. Se a linha do decote for tecida com fio de sobra, os pontos podem ser enganchados novamente na máquina para fazer a gola.

2

Detalhes e guarnições

Golas

Existem três tipos principais de golas: golas baixas, que incluem a bebê (Peter Pan), gola colegial e a marinheiro; a golas em pé, como a mandarim, rolê e gola de camisa (esporte); e golas inteiras (que são tecidas junto com a peça de roupa), tais como a gola-capa, a rolê e o estilo esporte. Todas essas formas podem ser desenvolvidas em uma variedade de golas com babados, por meio de técnicas simples de modelagem.

As golas podem ser feitas de várias maneiras. Um dos métodos é tecer a gola horizontalmente, em malha lisa ou com padronagens, em uma máquina de monofrontura. A gola pode ser dobrada ao meio para fazer uma espessura dupla e pode ser modelada na linha da dobra e direcionada para a borda do pescoço, ou vice-versa, dependendo do estilo.

Outra técnica é tecer a gola horizontalmente em uma máquina de dupla frontura e mantê-la com uma única espessura; esse método oferece mais possibilidades de modelagem. Qualquer um desses tipos de gola pode ser tecido no decote, pegando a borda do pescoço da peça, ou pode ser montada na máquina separadamente. A borda montada geralmente é mais limpa do que a borda arrematada e fica melhor como borda externa da gola.

Um terceiro método é tecer a gola na vertical; ela é tecida separadamente na máquina de mono e dupla frontura e anexada depois. Moldes de papel são utilizados para elaborar essas golas; então, por exemplo, golas baixas podem ser traçadas em frente à borda do pescoço do molde e, em seguida, retiradas e ajustadas. Alternativamente, a medida do pescoço pode ser usada para a elaboração de uma variedade de golas com bordas retas. A forma pode ser tecida formando uma gola básica, com malha parcial usada para criar pences ao redor do pescoço (útil para um estilo de gola colegial), ou para acrescentar rodados e criar rufos e babados.

Modelagem da gola com rufos/babado

As golas com rufos são tecidas em uma máquina de monofrontura, e podem ser anexadas em qualquer tipo de decote. Podem variar no formato, no volume e na profundidade. Várias malhas rendadas podem ser colocadas em camadas para construir grandes golas com babados.

1. Desenhe um retângulo em um pedaço de papel para modelagem: o comprimento deve ser a medida do decote a partir do centro da frente ao centro das costas; a largura deve ser a profundidade necessária de babado. Esta pode ser moldada para fora da borda se você desejar.
2. Divida o molde em partes iguais (ver ilustração 4). Abra essas partes a partir da borda externa, mantendo a ponta do pescoço no tamanho original (isso fará uma borda curva).
3. Mantendo o molde plano, desenhe ao redor da nova forma, incluindo as partes abertas. Quanto maior essas partes forem, maiores serão os babados. Quando você tecer, a malha parcial pode ser usada para moldar as áreas que foram adicionadas.

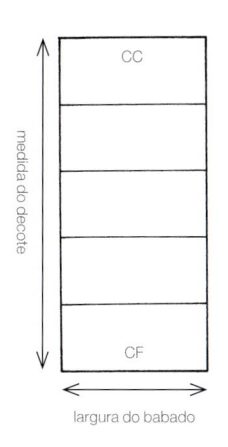

1. Gola de Dulcie Wanless.
2. Gola grande com babados, de Juliana Sissons. Fotografia de Jojo Ma.
3. Ilustração mostrando a técnica do molde da gola de babados.

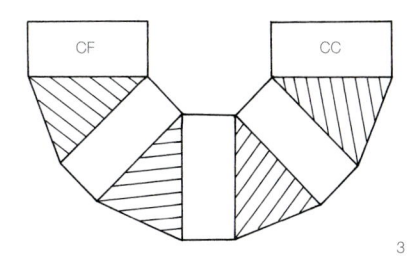

Detalhes e guarnições

1. Bainha fantasia, feita com transferência de pontos de Zuzanna Fierro-Castro.
2. Detalhe do picot da guarnição.
3. Detalhes da ribana falsa da máquina de monofrontura.
4. Ilustração mostrando o set-up de agulhas da máquina de dupla frontura.
5. Detalhe da ribana da máquina de dupla frontura.

Bainhas e bordas

Bainhas e bordas podem ser moldadas, recortadas, franjadas ou rendadas. Guarnições feitas à mão podem ser transferidas para a frontura de agulhas para serem tecidas, e pontos abertos podem ser apanhados da máquina e colocados nas agulhas.

Uma borda com montagem normal tende a se enrolar, mas enganchando a primeira carreira de malha e tecendo com o corpo da peça, você cria uma bainha tubular melhor acabada. A técnica de confecção de malha parcial também oferece grandes possibilidades para bainhas e guarnições. Uma máquina de dupla frontura pode ser usada para produzir uma variedade de bordas caneladas. Ribanas falsas podem ser feitas em máquinas de monofrontura; elas são menos elásticas, mas podem dar um bom acabamento a uma bainha ou a um punho.

Bainhas com peso

Os pesos podem ser utilizados em malhas mais formais para ajudar no caimento da peça; eles normalmente são fechados no interior da bainha. Existem muitos tipos, tais como pesos de chumbo separados, redondos ou quadrados, que são geralmente espaçados ao longo da bainha; fitas com pesos, que têm pequenas bolinhas de chumbo fechadas dentro de um tubo de algodão; diversos efeitos em cadeia, que podem ser usados como pesos de decoração; ou faixa simples tecida à mão/ fita de malha pode ser usada para dar uma estrutura leve a uma bainha ou borda.

1

Borda picot

1. Monte os fios de sobra, usando uma cor diferente para a área de confecção principal (este fio será desmanchado e retirado mais tarde).
2. Mude para o fio de cor principal e teça 10 carreiras.
3. Transfira alternadamente os pontos para a agulha adjacente (para formar vazados). Teça 10 carreiras.
4. Conecte a primeira carreira de laçadas da cor principal para formar uma bainha. Teça conforme necessário.
5. Desmanche o fio montado. A guarnição terá uma suave emenda, sem a borda montada.

Ribana falsa de monofrontura (1x1)

1. Deixe a tensão um pouco mais apertada do que a tensão principal da malha
2. Monte uma seleção das agulhas intercalando com agulhas fora de ação.
3. Teça 10 carreiras. Teça 1 carreira em uma tensão mais frouxa (para a linha da dobra). Teça de 10 carreiras.
4. Conecte a primeira carreira de malha nas agulhas para formar a bainha.
5. Traga as agulhas inativas para a frente em posição de trabalho. Solte a tensão para a tensão original da malha. Teça, conforme necessário.
6. A ribana falsa é mais rápida de se fazer do que uma ribana verdadeira (em uma máquina de dupla frontura), mas não é tão elástica.

Ribana básica de dupla frontura (1x1)

1. Posicione as agulhas, como mostrado na figura; as agulhas fora de ação em uma frontura devem ficar opostas às agulhas em posição de trabalho na outra frontura. Mova (*rack*) as camas de forma que as agulhas vazias fiquem alinhadas com as agulhas ativas na cama oposta (em máquinas domésticas, isso é feito movendo-se a alavanca de calibragem para P).
2. Tire o carro da esquerda para a direita para formar uma carreira em zigue-zague. Insira o pente de montagem e arame.
3. Pendure os pesos no pente e defina a alavanca de retenção para tecer circular. Teça cada carreira com fronturas alternadas, faça duas carreiras circulares.
4. Reative a alavanca de retenção para tecê-la normalmente (as duas fronturas juntas) e continue a tecer.
5. Se mudar para todas as agulhas depois da ribana, mova a frontura para que as agulhas postas em ação não colidam com as que estão em trabalho (H em uma máquina doméstica).

Detalhes e guarnições

Bainha com recorte ondulado

1. Passe fios de sobra na máquina e monte 30 de agulhas (cada recorte ondulado será de 10 pontos de largura).
2. Teça várias carreiras com fios de sobra e, em seguida, duas carreiras com o fio principal, terminando com o carro no lado direito (sentido da mão).
3. Coloque a alavanca de retenção em espera e coloque 20 agulhas da esquerda na posição de espera. Teça 1 carreira.
4. Retire a primeira agulha direita da posição de espera e teça 1 carreira. Retire a próxima agulha da esquerda da posição de espera e teça 1 carreira. Continue a tecer dessa forma, segurando uma agulha após cada carreira (alternando os lados).
5. Quando apenas uma agulha estiver tecendo, continue a tecer retornando uma agulha após cada carreira (alternando os lados). Quando todas as agulhas estiverem tecendo novamente, pare e repita esse processo nas 10 agulhas do meio e depois nas 10 agulhas da esquerda - quando cada recorte ondulado estiver sendo feito, outros 2 recortes estarão em espera.
6. Quando todos os recortes foram feitos, tire a alavanca de retenção da posição de espera e teça duas carreiras.
7. Pegue a primeira carreira do fio principal e enganche nas agulhas para formar uma bainha. Continue a tecer.

Guarnição franjada

Uma trança com franja pode ser tecida e, em seguida, aplicada na borda do corpo principal de uma malha, ou pode ser pendurada nas agulhas a qualquer momento durante o processo de confecção da malha.

1. Posicione as agulhas como em uma grande escada, por exemplo, 5 agulhas em posição de trabalho em cada lado de 40 agulhas fora de ação.
2. Monte, deixando 40 agulhas fora de ação entre os dois grupos de agulhas em posição de trabalho.
3. Teça a quantidade necessária de carreiras e corte na metade dos fios soltos para fazer dois comprimentos de franjas.

Guarnição de laçadas

1. Esta guarnição pode ser feita usando a técnica de confecção de malha parcial. Passe o fio na máquina e monte 6 agulhas.
2. Teça 2 carreiras, terminando com o carro à direita.
3. Coloque a alavanca de retenção em espera. Leve as 2 primeiras agulhas do lado esquerdo para a posição de espera. Teça 8 carreiras.
4. Retire a alavanca de retenção da espera e teça 2 carreiras.
5. Posicione a alavanca de retenção em espera. Repita como antes, segurando as 2 primeiras agulhas à esquerda por 8 carreiras antes de tecer 2 carreiras normais.
6. Continue dessa maneira até ter o comprimento necessário da trança; a franja resultante será laçada. Explore essa ideia, variando o comprimento e a largura das laçadas e a criação das mesmas em ambos os lados da trança central.

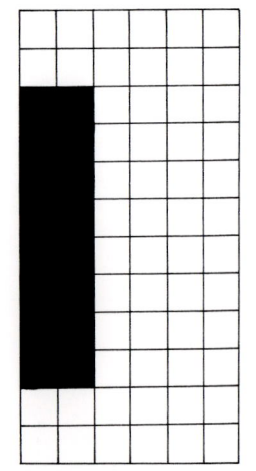

1. Exemplo de uma bainha com recortes ondulados em saiote vitoriano de lã (tecido à mão).
2. Gráfico mostrando a posição de espera (holding position) em uma guarnição com laçadas.
3. Bolsos são uma característica do trabalho de Hollie Maloney.
4. Exemplo de bolso da Missoni Outono/Inverno 2010. Catwalking.com.

Bolsos

Existem três tipos principais de bolsos, feitos de diferentes maneiras. Um é o bolso chapado, que é tecido separadamente de cabeça para baixo (em qualquer formato ou tamanho). Uma ribana ou bainha é feita em primeiro lugar, para a boca do bolso. O resto do bolso é então tecido e costurado à mão.

O segundo tipo de bolso é feito com fendas horizontais. Ele tem uma abertura no tecido principal e um saco pendurado por dentro. O saco do bolso é, em geral, feito em tecido plano.

O terceiro tipo é o bolso com fenda vertical, que pode ser colocado em uma costura lateral. Se um bolso tem um vivo ou uma abertura vertical, o vivo da boca do bolso é tecido separadamente. Como alternativa, o bolso pode ser tecido junto com a roupa usando-se a técnica de confecção de malhas parcial. A largura do bolso é tecida enquanto todas as outras agulhas são seguradas. O comprimento do saco do bolso terá de ser duas vezes a medida de sua profundidade, de modo que ele possa ser dobrado para encontrar a boca do bolso. Continue tecendo normalmente e as laterais do saco do bolso serão costuradas à mão em seguida. O saco interno do bolso pode ser longo o suficiente para que parte dele seja puxada para fora, formando uma aba.

3

4

Detalhes e guarnições

1 Design de Simone Shailes, com fechamento incomum em metal.

Casas de botão e fixações

Existe uma grande variedade de fixações que podem ser usadas em malhas, e é possível colocar revestimentos em aberturas de malha da mesma forma que em aberturas de roupas de tecido plano. Por exemplo, você poderia colocar um zíper entre o revestimento e a borda da frente, ou atrás de uma bainha de malha. Amarrações, cordões, botões, fivelas e cintos, colchetes com ganchos ou alamares e até bolas de crochê e laçadas, podem ser considerados fixações. Casas de botão, que podem ser a principal característica do design de uma peça, podem ser feitas em várias formas: horizontal ou vertical, pequena ou grande. Casas verticais são, em geral, feitas com malha parcial, enquanto as horizontais são feitas por arremate e montagem no comprimento requerido (ver os métodos descritos na página 141). Você poder manter as casas discretas ou enfeitá-las com pontos diferentes. Também pode criar casas de botões deixando lacunas ao anexar uma faixa à borda de uma peça. Casas de botões mais formais podem ser feitas usando o acessório de casas de botão em uma máquina de costura.

Casa de botão pequena

1. Escolha duas agulhas adjacentes.
2. Transfira 1 ponto para a esquerda e 1 para a direita. Teça 1 carreira.
3. Tire o fio dos ganchos das duas agulhas e enrole em torno de cada uma (como para uma montagem e-wrap).
4. Puxe 4 agulhas para a frente e teça 1 carreira. Puxe a agulha para a frente e continue tecendo

Casa de botão grande

1. Monte a quantidade necessária de pontos usando um fio contrastante ou de mesma cor.
   As extremidades do fio arrematado são deixadas penduradas em ambos os lados da casa de botão e terão que ser costuradas depois.
2. Monte as agulhas vazias usando o método de e-wrap. Puxe estas agulhas totalmente para frente e continue a tecer.
3. Use um remalharador para tecer ordenadamente nas extremidades dos fios. Uma casa de botão costurada à mão pode ser usada para deixar a abertura (ver página 142).

Casa de botão vertical

1. Coloque o carro para a direita. Coloque a alavanca de retenção em espera.
2. Coloque todas as agulhas do lado esquerdo da casa em posição de espera. Teça 6 carreiras.
3. Puxe todas as agulhas do lado direito da casa para a posição de espera.
4. Rompa o fio e transfira o carro para a esquerda. Amarre o fio novamente.
5. Empurre todas as agulhas do lado esquerdo da casa de volta para a posição de trabalho com um remalharador. Teça 6 carreiras.
6. Puxe todas as agulhas do lado esquerdo da casa para a posição de espera.
7. Arrebente o fio e transfira o carro para o lado direito. Amarre o fio novamente.
8. Tire a alavanca de retenção de espera e continue a tecer.

Detalhes e guarnições

Roletês

Laçadas de roletês podem ser usadas como uma laçada para botão ou podem ser compactadas e utilizadas como bainhas. É possível ajustar individualmente as laçadas para botão, ou fazer toda uma carreira de laçadas em uma faixa contínua e costurá-la entre uma borda e o forro ou ao longo de uma borda dobrada.

1. Monte aproximadamente 4 pontos.
2. Pressione um botão "part" e teça conforme necessário. Como alternativa, defina todas as agulhas para omitir alternadamente entre cada carreira. Se a tensão é apertada, o cabo vai fechar para formar um tubo circular.

Ponto caseado

O ponto caseado é usado para reforçar uma laçada de botão roletê (que deve ser grande o suficiente para o botão atravessá-la). Fios contrastantes ou combinados podem ser usados como cordões decorativos e tranças estreitas.

1. Pegue um pedaço de linha de costura e costure um arco com uma laçada da linha.
2. Partindo do lado esquerdo, enrole a agulha para dentro e para trás do arco de linha, mas em frente da nova laçada formada com o ponto.
3. Continue fazendo pontos bem justos, até o arco ser coberto, então segure o último ponto com um nó.

Botões

Os botões podem ser modernos, vintage, de plástico ou vidro; podem ser cobertos com tecidos ou malhas finas contrastantes; podem ser botões bola ou botões de alamares, ou podem ser feitos em crochê. Independentemente do que escolher, você deve concluir e vaporizar a roupa antes de pregar os botões. Se o botão for apenas decorativo, pode ser costurado rente sobre a malha; caso contrário, vai precisar de um pé.

Costurando um botão

O comprimento do pé deve permitir ao botão assentar-se confortavelmente na casa dele, mas não deve ser tão longo a ponto de o botão cair para o lado quando não abotoado.

1. Mantenha o botão logo acima da superfície da malha para fazer o pé.
2. Faça cerca de 6 pontos através dos furos do botão, segurando-o e ajustando os pontos para deixá-los com o mesmo comprimento.
3. Costure com o ponto caseado em torno do grupo de fios, do botão para baixo até a base do pé.
4. Finalize com vários pequenos pontos para prender o fio.

3

1. Trança de laçadas de roletês em casaco de lã vitoriano.
2. Ilustração mostrando o ponto caseado.
3. Seleção de botões fotografada por Jojo Ma.

Detalhes e guarnições

Técnicas de acabamento à mão

1   Malha de Wanless Dulcie.
2–3 Amostras passadas e vaporizadas, de Annabel Scopes, feitas em uma máquina Dubied com agulhas alternativas transferidas para a frontura de trás e, em seguida, costuradas com ponto invisível.

Embelezar uma peça de vestuário é uma das partes mais importantes da produção. As peças de malha podem parecer lisas, mas aplicar uma técnica de *blocking*, passar ou embelezar incorretamente pode arruinar uma malha bem tecida.

Ao fazer um grande comprimento de malha, é uma boa ideia pôr marcadores de fios ao longo das bordas em intervalos regulares – por exemplo, a cada 100 carreiras, mais ou menos. Os marcadores podem ser colocados na fase de embelezamento, para manter as bordas retas e alinhadas. A malha tende a ser muito elástica quando sai da máquina, por isso é importante fazer o *blocking* do tamanho e passar cada parte da peça, antes de embelezá-la.

2

Fazer o *blocking* e passar

Blocking é o nome em inglês da ação de alfinetar as partes da roupa na forma e medidas requeridas e, em seguida, vaporizá-las. É possível fixar a malha sobre o molde de papel, mas isso pode estragar o papel, o que dificulta sua reutilização. Outro método de *blocking* é marcar a forma do molde em um tecido de algodão e alfinetar a malha sobre ele.

Ao vaporizar, mova suavemente o ferro sobre a superfície e libere o vapor (não pressione o tecido). Deixe o resto de tecido sobre uma superfície plana para assentar-se. Um cuidado especial deve ser aplicado às bordas, pois alguns fios ondulam-se mais do que outros. Lã e fibras naturais podem ser vaporizadas; se você não tiver um ferro a vapor, cubra a malha com um pano úmido antes de passá-la. Ribanas podem ser vaporizadas se forem feitas de fibras naturais, mas mantenha-as fechadas: se forem vaporizadas estendidas, ficarão estendidas. As fibras sintéticas não devem ser vaporizadas, pois perdem elasticidade. É possível passar o tecido do lado avesso, sem aplicar pressão.

Costuras

Costuras em peças de malha devem ser invisíveis, e devem ser feitas com uma tensão semelhante à das partes que estão sendo unidas. Se a costura é feita muito apertada, irá franzir-se e os pontos irão arrebentar; se muito solta, irá se abrir e os pontos serão visíveis.

Partes de malha podem ser costuradas à mão, com uma máquina de costura ou usando um linker (veja à direita). Para a costura à mão, use uma agulha de tricô grossa com uma versão mais fina do fio principal. Se o fio da malha é texturizado, um fio simples correspondente pode ser usado. Fios finos e fracos terão que ser duplicados.

Linkers

Linkers são usados para unir tecidos de malha. Versões menores de linkers industriais estão disponíveis, e podem ser eletrônicos ou manuais. Um linker permite unir qualquer extensão de malha porque o trabalho é empurrado para um anel de agulhas circulares, lados direitos juntos. Enquanto a máquina é operada, pontos corrente são formados, juntando os dois tecidos. Após a primeira parte do trabalho estar costurada, ela pode ser removida para dar lugar a outra extremidade da malha.

Máquinas de costura

Embelezar em uma máquina de costura é uma maneira muito rápida e eficiente de costurar peças de roupas. Muitas peças de vestuário produzidas em massa são feitas a partir de um método de corte e costura, e as bordas são overlocadas para não deixar a malha se desmanchar. Algumas marcas de máquina têm uma sapata especial para costurar malhas. É uma boa ideia alinhavar as bordas das partes da peça e usar um fio de poliéster na máquina e na bobina.

Detalhes e guarnições

Ponto invisível

O ponto invisível é usado para fazer uma junção invisível e quando uma costura resistente e sem volume é necessária. Ele é trabalhado a partir do lado direito do tecido, tornando-se um ponto útil para combinar padronagens e listras.

1. Mantenha as duas partes, borda com borda, e trabalhe da direita para a esquerda. Passe a agulha debaixo de duas laçadas, um ponto a partir da borda, em ambas as partes.
2. Continue costurando; depois de alguns pontos, puxe o fio para fechar a costura.
3. Finalize com o fim da linha para baixo, dentro da costura.

Pesponto

O pesponto pode ser usado para costurar uma extremidade aberta com uma borda fechada. É útil para arrematar ribanas e pode ser usado para costuras não elásticas.

1. Sobreponha as duas partes por uma ou duas carreiras.
2. Empurre a agulha no primeiro ponto, através da camada inferior e depois para cima através do segundo ponto.
3. Coloque a agulha de volta no primeiro ponto, sob a camada novamente e sobre o terceiro ponto, em seguida, volte para o segundo ponto e sobre o quarto. Repita ao longo da carreira de pontos.

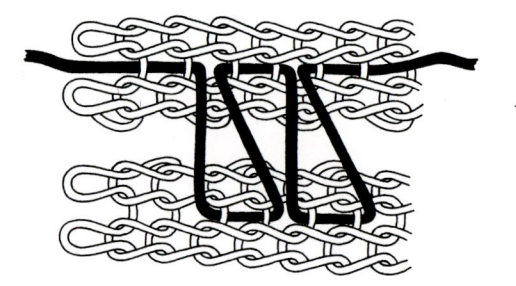

Técnicas de malha com sobras

Existem várias técnicas úteis que envolvem a confecção de malhas com fio de sobra. Se duas bordas devem ser ligadas por grafting, as bordas precisam ter pontos abertos. Fios de sobra são tecidos à carreira de malha principal, em vez de serem arrematados da forma normal; isso mantém os pontos unidos até o processo de grafting. Os fios de sobra são desmanchados durante esse processo ou no final.

Ponto de guarnecer

O ponto de guarnecer pode ser usado para prender as bordas superiores, faixas e bainhas. Se costurar extremidades abertas, lembre-se de costurar cada ponto separadamente.

1. Pegue a bainha ou gola e alinhave ou alfinete no local.
2. A partir da direita, empurre a agulha no primeiro ponto aberto e acima e através do ponto correspondente na malha principal. O ponto deve ser invisível no lado direito.

Grafting

Grafting é usado para unir duas seções de malha, dando a aparência de uma peça contínua. Os pontos de malha são segurados com fios de sobra, que são desmanchados durante o processo de grafting. Se feito ordenadamente, é uma junção invisível, porque ela imita uma carreira de malha.

1. Segure os dois pedaços de malha, ponta a ponta, virados para cima. Inicie a partir do lado direito.
2. Empurre a agulha através do primeiro e do segundo ponto na borda superior, através do primeiro e do segundo ponto na borda inferior, em seguida, através do segundo e do terceiro ponto sobre a borda superior e continuar ao longo da carreira.
3. Não puxe os pontos costurados de uma maneira mais apertada do que qualquer dos pontos de malha.

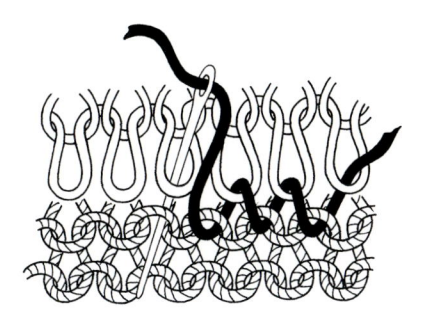

Fios de sobra também são usados quando uma parte da malha precisa ser retornada para as agulhas da máquina em uma fase posterior. O fio de sobra é desmanchado na última carreira e, em seguida, desmanchado um ponto por vez, enquanto a malha principal é colocada de volta nas agulhas com um transportador. Como alternativa, os pontos na cor principal podem ser pegos enquanto os de sobra continuam conectados (ou em cima da frontura ou retidos abaixo) e, em seguida, desmanchados antes que se comece a tecer.

Também pode-se tecer com fios de sobra para dar forma. Se parte de uma roupa é montada ou finalizada com sobra, ela pode ser temporariamente retirada da máquina para permitir que o restante seja moldado.

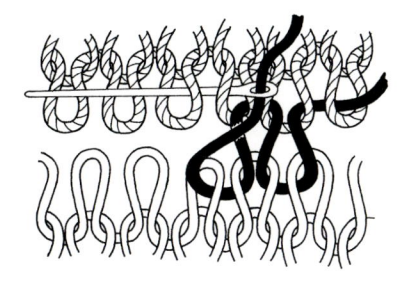

Ornamentação

Bordados, apliques e contas são formas de ornamentação frequentemente usadas em roupas de alta-costura, sendo elas em tecido plano ou malha. Fabricantes de amostras de malha muitas vezes empregam um embelezador dedicado, cuja função é bordar e decorar amostras antes de serem colocadas nos cabeçalhos, prontas para serem vendidas. Existem empresas especializadas em bordado que oferecem uma variedade de serviços de ornamentação.

Considere a escala e o tamanho da roupa antes de projetar qualquer enfeite. Padronagens em papel podem ser feitas para verificar o tamanho de um motivo. Bastidores são úteis para apliques, bordados e contas, pois seguram o tecido com firmeza, facilitando o trabalho com ele. A maioria dos enfeites é trabalhada a partir do lado direito do tecido, diferente de algumas técnicas de bordado, que são trabalhadas a partir do lado avesso.

Apliques

O aplique é um dos enfeites mais versáteis, formado pela aplicação de tecidos decorativos na superfície do tecido principal. Eles podem ser de seda, algodão, linho ou couro contrastante, e podem ser tecidos, entrelaçados ou feltrados, cortados ou feitos por meio da técnica *full fashion*. Apliques de tecido podem ser costurados em bainhas, costurados à mão ou deixados a fio e bordados. Para os materiais mais grossos, como o couro, é mais fácil fazer furos nas bordas e bordá-los na roupa. Motivos maiores são mais fáceis de costurar se são alinhavados na peça com fios grossos de alinhavo, para ficarem no lugar enquanto se costura. Tenha em mente que os apliques não elásticos irão restringir a elasticidade da peça.

1   Malha em dois tons de chocolate, com ornamentação de medalhões de renda, de Amy Phipps.

Detalhes e guarnições

1	Cardigan dos anos 50, em lã creme, botão perolado, fita e bordado floral com fio de seda.
2	Seleção de guarnições bordadas à máquina.
3–4	Amostras de malha bordadas à mão, de Zuzana Fierro-Castro.
5	Ponto de alinhavo
6	Alinhavo duplo
7	Linha vertical dupla de pontos entre ponto de alinhavo
8	Linha vertical dupla de pontos entre ponto de alinhavo duplo
9	Ponto inclinado
10	Ponto cruz com ponto alinhavo
11	Pontos verticais com ponto cruz
12	Combinação de ponto cruz com ponto alinhavo

Bordado

A arte do bordado pode adicionar cor e durabilidade a uma peça de malha. Os pontos podem transformar malhas simples em peças de arte criativas. Pontos decorativos podem ser feitos em seda, lã, fios de linho ou com materiais inusitados, como couro e fitas. Leve em consideração a proporção de cores e peso dos fios em relação à textura, aos pontos, às linhas e às massas. É possível produzir uma variedade de projetos delicados, ricos e leves.

Ao projetar um bordado, é melhor manter as formas simples, devido à complexidade da padronagem formada pelos pontos. Em muitos casos, é possível produzir um bom bordado sem desenhá-lo primeiro. A forma mais simples de design é baseada na repetição, quando os pontos são colocados juntos para formar bordas decorativas.

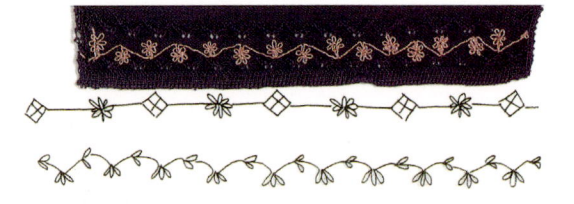

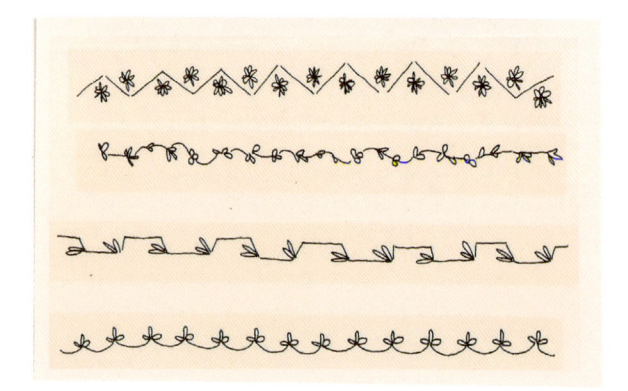

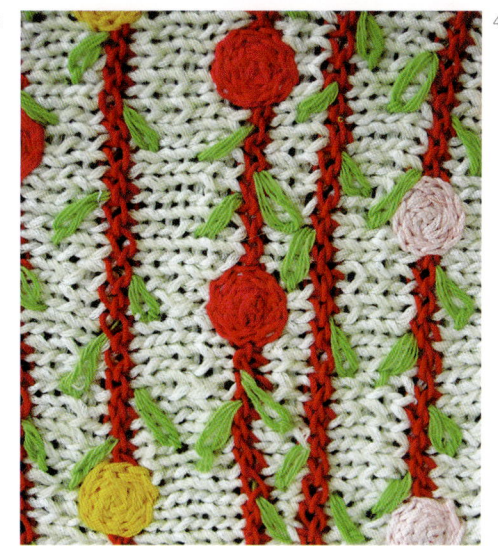

Pontos simples

Uma linha de pontos com um fio colorido sobre um tecido com fundo contrastante é uma forma simples de decoração. São inúmeros os pontos simples e bem conhecidos, que formam a base de um design de bordado mais avançado, se necessário.

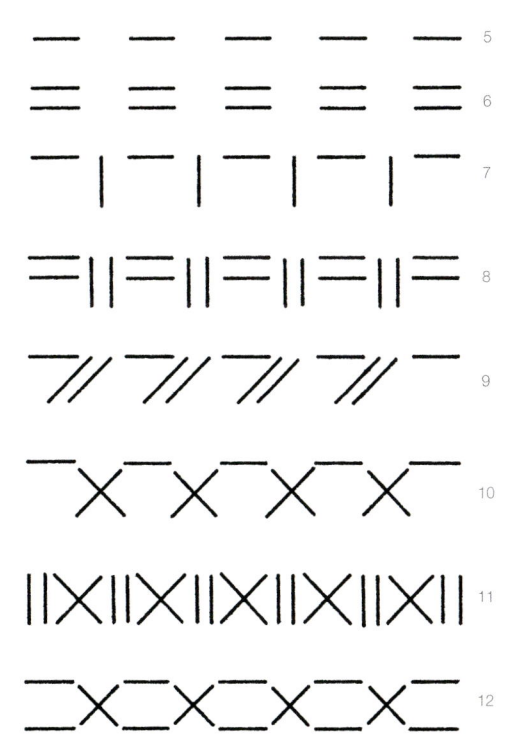

Detalhes e guarnições

Bordando com contas

Bordar com contas é outra forma de bordado, que pode ser utilizada para cobrir toda a peça de malha ou para decorar as bordas, as guarnições e os motivos. As contas podem ser anexadas no momento de confecção da malha, tecendo-se com fios com contas, ou então enrolando-as no ponto com uma ferramenta especial.

Enfeites bordados podem ser trabalhados com fio de ouro ou prata, usando uma variedade de contas, de pérolas cultivadas a aço, vidro e madeira. Lantejoulas ou tranças elegantes também podem ser anexadas de maneira semelhante. O processo é demorado, o que acrescenta um custo considerável ao projeto final.

Se você costurar contas sobre a malha, vai precisar de uma agulha de costura grande o suficiente para que o fio passe pelo olho, mas pequena o bastante para que passe pelo furo da conta. Existem vários métodos de costura, tais como pesponto, ponto cheio, ponto cordonê e ponto alinhavo, como mostra a ilustração à direita. Nos ateliês dos especialistas, geralmente é usada uma agulha de gancho para bordar. Essa ferramenta é semelhante a uma agulha de crochê, e é usada para conectar fios de contas com ponto corrente. Esse método permite um trabalho mais fino com contas pequenas; a agulha de gancho faz pontos corrente ao redor do fio, segurando as contas e não precisando passar através delas. No entanto, se o fio se romper, as contas cairão. Contas costuradas individualmente com agulha ficam mais seguras (embora isso seja muito demorado, claro).

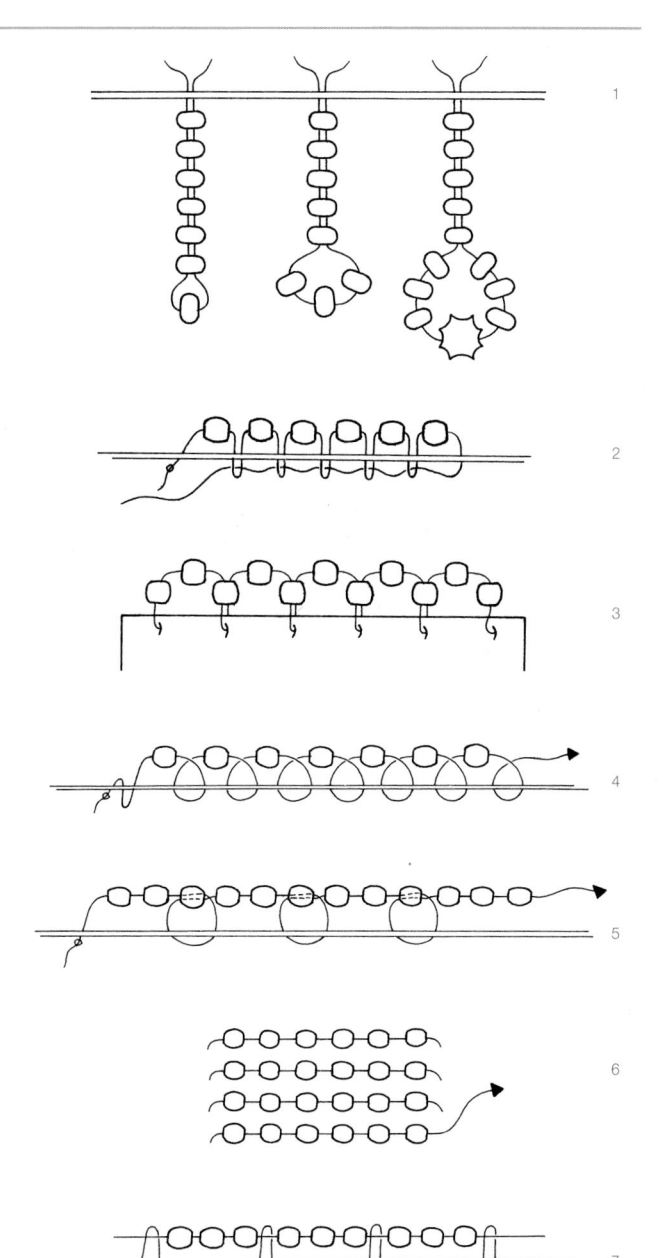

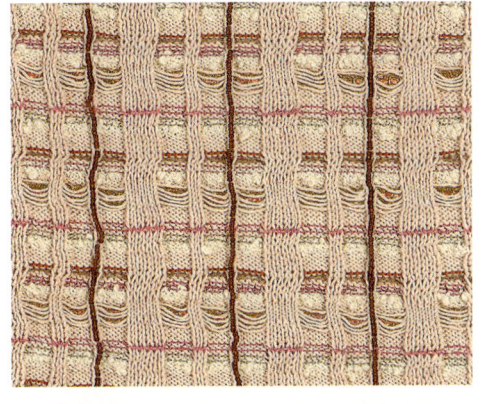

1 Franjas.
2 Ponto de acabamento
3 Ponto picot para borda
4 Pesponto
5 Pesponto com três contas
6 Ponto cheio
7 Ponto cordonê
8 Ponto alinhavo
9 Seleção de amostras com contas vintage, de Rebecca Mears.

Detalhes e guarnições

Na indústria

Nas próximas páginas, apresentamos uma série de miniestudos de caso e entrevistas com vários designers e especialistas em malha. Eles servem para ilustrar as diferentes maneiras de trabalhar com a malha, oferecendo inspiração e uma visão das possibilidades de carreira dentro da indústria de malharia.

Malcolm McInnes desenha para a sua marca de roupas masculinas: sportswear casual de luxo com um forte elemento de design de vanguarda. Ele é também diretor do curso de moda da Universidade de Brighton.

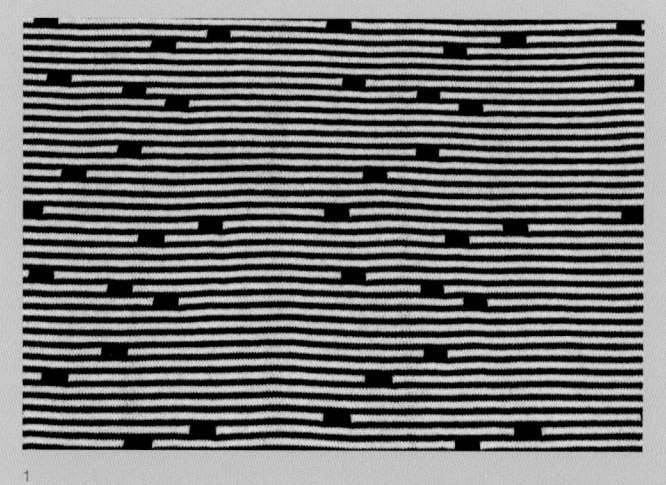

1

Qual é a sua formação e por que você entrou para o ramo da malharia?

Estudei Moda e Têxteis na Central Saint Martins e tinha uma paixão quase obsessiva por trabalhar com máquinas de malharia de galga fina e por manusear fios de seda e viscose.

Sempre cuidei para não ser rotulado como designer de malhas. Forma, silhueta e conceito são as minhas primeiras considerações ao trabalhar para o mercado de moda. Meu foco na malha é o uso de cores contrastantes e técnicas de padronagem. Poderiam me perguntar por que a malha se é possível conseguir o mesmo com tecidos estampados? Acho que os fios de cashmere e de seda natural pegam cor maravilhosamente, e pode ser empolgante trabalhar com eles na realização de novas linguagens de cor, em especial para o vestuário masculino.

Fale sobre o seu processo de design.

Quase sempre o uso de cores puras e saturadas impulsiona o desenvolvimento da coleção, juntamente com o uso de estruturas geométricas primárias que traduzem a superfície da padronagem em alguma forma por meio da peça. Primeiro, ploto o melhor equilíbrio e distribuição das cores escolhidas para a estação, na gama de peças que pretendo produzir; eu as agrupo por temas. Então, desenvolvo as simples formas geométricas em composições de padronagens para alcançar qualidades de superfície bastante plana; em seguida, me concentro no corte, na modelagem e nos detalhes de acabamento para conseguir a estética sofisticada e restrita que busco constantemente.

No final de cada temporada de vendas, avalio com minha equipe os pontos fortes e fracos da coleção. Essa avaliação pode determinar, em certa medida, o desenvolvimento do produto para a temporada seguinte. Uma vantagem que tenho é o fato de a coleção masculina ser pequena e se destinar a um nicho de mercado; há pouca necessidade de seguir as tendências estabelecidas pelas empresas de previsão.

Passo muito tempo testando as ideias de decoração para os tecidos e a distribuição deles sobre as peças de malha, avaliando constantemente a forma como elas se assentariam sobre o corpo e se o meu cliente iria usá-las. Considero os pesos do tecido final e tendo a trabalhar com soluções de galga 12 e 7. Posso ter uma ou duas peças mais pesadas a cada temporada, que são normalmente concebidas para fins editoriais, e não para venda.

Que conselho você daria para quem está começando na indústria?

Se eu tivesse algum conselho para alguém que queira trabalhar como designer de moda masculina e, especificamente, de malharia, diria que a paixão é o ingrediente mais importante. Aceite qualquer experiência que surgir – com o tempo você entenderá o significado disso. Em tudo há oportunidade para você aprender e crescer. Mesmo se você começar com um trabalho humilde em uma empresa de design de grande porte, além de cumprir seus próprios deveres, você será capaz de observar os outros e obter um maior conhecimento dos processos e procedimentos na construção de um empreendimento em grande escala.

Se você deseja criar sua marca ou trabalhar como freelancer para outras empresas, deve ter um bom conhecimento de negócios também. Isso é importante quando se negocia contratos e acordos. É raro uma pessoa ser criativa e empreendedora com a mesma medida de sucesso, então, o importante é você estar cercado de parceiros de negócios confiáveis e capazes de cuidar desse aspecto do trabalho.

1–2 Padronagem geométrica gerada por computador em uma máquina de malha circular de galga 12, por Malcolm McInnes.

3 The perfect, 2007. Instalação de lã tecida à máquina, usando uma Shima Seiki WholeGarment®, no Vestlandske Kunstindustrimuseum, Bergen, Noruega.

Freddie Robins, artista têxtil com sede em Londres.

Freddie Robins aprendeu a tecer quando era jovem, e se apaixonou por isso. Quando tinha 17 anos, ela entrou em uma competição nacional de design de malhas em uma revista de artesanato e, depois de vencer, passou a estudar malharia na Middlesex Polytechnic (hoje Middlesex University) e na Royal College of Art, em Londres. Ela trabalha como uma artista que usa malha como seu principal meio desde 1997.

Um recente corpo de trabalho, The Perfect, lida com a busca constante pela perfeição. Ele é feito com tecnologia desenvolvida com foco na produção em massa, para fazer múltiplas peças de vestuário exatamente iguais umas às outras: roupas que não necessitam de qualquer acabamento à mão, cuja produção não deixa resíduo algum e não necessita do toque humano. Peças do vestuário que são, de fato, perfeitas.

Ela produziu estas malhas múltiplas com uma máquina Shima Seiki WholeGarment®. Estes múltiplos assumem a forma em tamanho real, tridimensional do corpo humano. Ela combinou-as de diversas maneiras para criar grandes esculturas de malha e instalações.

Detalhes e guarnições

Shelley Fox é conhecida por seu trabalho conceitual e direcionado. Ela desenhou para sua marca entre 1996 e 2006, produzindo coleções sazonais e colaborando com profissionais fora da indústria da moda. Atualmente, é Donna Karan Professor of Fashion Design da Parsons, Nova York.

Qual é a sua formação e por que você quis se tornar designer?

Eu me formei na Central St Martins, com bacharelado em têxteis e, em seguida, após seis meses trabalhando para o designer Joe Casely-Hayford, fui fazer um mestrado em moda na St. Martins. Fui para a malharia porque queria desenvolver tecidos, para ver até onde eles iriam. Mas eu também estava interessada em padronagens e tecidos planos.

Você é conhecida por sua abordagem experimental ao tratamento de tecidos. Como descreveria o seu trabalho?

A feltragem sempre foi uma grande parte das minhas coleções. No meu bacharelado, o feltro surgiu porque as máquinas de galga fina estavam sempre quebradas. Eu passaria anos tentando fazer um belo vestido de malha fina na máquina de tecer, e ele sempre se estragaria no último minuto, então eu feltrava os erros. Criei efeitos escaldantes deixando o tecido por muito tempo na prensa de calor – um avanço no processo de design. Essa foi a minha introdução ao feltro e à transferência de calor. Então, quando os meus tecidos aconteciam, eu podia ver minha coleção vindo também. Uma parte integrante do meu processo de design foi trabalhar em 3D e construindo com tecido.

1–2 Para esta coleção, lantejoulas queimadas e babados em cascata foram combinados com técnicas de corte geométrico. Os babados de feltro eram feitos à mão, tornando-se a parte principal do tecido, quase saindo do mesmo. Outono/Inverno 2000. Fotografia por Chris Moore.

Como seu trabalho toma nova direção e quais são suas inspirações?

Curativos e bandagens foram a matéria prima para minha coleção Outono/Inverno/1997: intrigada pelos curativos que usei quando cortei minha perna, tive a ideia de usar tecidos de curativos e bandagens. Entrei em contato com a empresa farmacêutica Smith & Nephew, que me enviou seus arquivos de tecidos, e comecei a usar o tecido Elastoplast. Também usei lã feltrada na coleção; ao lavá-la, coloquei uma quantidade grande demais na máquina e ela saiu toda marcada e ondulada. Isso foi um acidente, mas como eu já tinha estampado a lã, esse efeito se tornou a marca registrada da coleção. As marcas e ondulações foram um acidente feliz, além de agregarem ao tema médico. Minhas principais inspirações são história, código Morse e Braille sobre tecido. O código Morse foi o ponto de partida, e acabou sendo inspiração para a trilha do desfile e para o visual dos tecidos.

Palavras como casulo, envelope ou camada podem ser usadas para sustentar todo um projeto e engatilhar pontos iniciais interessantes para desenvolvimento. Para minha coleção Outono/Inverno 2001, usei minhas agendas como inspiração. A estampa de agenda foi tirada de uma série de agendas de negócios; algumas páginas foram selecionadas com base na sua composição e montadas para fazer uma estampa. A coleção foi uma mistura de camisetas para a noite, cashmeres, estampas gráficas de palavras cruzadas e malhas trançadas *oversized*. As cores seguiam uma paleta natural de preto, concreto e toques de verde-menta, vermelhos-vivos e amarelos-pálidos. Na minha coleção Outono/Inverno 1998, usei o conceito do Braille: a simplicidade dos códigos e das formas do alfabeto. Foi o método de leitura por toque que inspirou o uso de marcações em Braille na lã (malha feltrada). Esse tecido foi transformado nas formas geométricas tridimensionais traçadas sobre o corpo.

Pesquisa e desenvolvimento é parte integrante do seu trabalho, e você trabalhou recentemente em um projeto têxtil Nobel, em colaboração com o Medical Research Council; você poderia falar mais sobre isso?

Nesse projeto, trabalhamos com equipamentos de ressonância magnética para estudar as formas do corpo. Foram feitas pesquisas médicas em seis mulheres voluntárias, que foram submetidas à ressonância e "etiquetadas" para termos certeza de que elas estavam frequentando a academia! Usei meu corpo como exemplo e corri a Maratona de Nova York para registrar as mudanças do corpo. Também analisamos roupas vintage, padronagens de costura que foram transmitidas ao longo das gerações, para explorar as mudanças do corpo paralelamente às mudanças das roupas. Essas roupas antigas foram desfeitas e reestruturadas. O grupo de projeto era composto por designers têxteis e cientistas da Central St. Martins/ICA.

Você tem colaborado com muitos artistas; como o trabalho na sua marca difere criativamente do trabalho com pessoas como o bailarino Michael Clark?

Quando você trabalha para o produto final de outra pessoa, você precisa levar em conta a visão dela. Quando estava trabalhando com a Random Dance, estava lidando com bailarinos. As exigências do corpo são diferentes, e tive que pensar nos aspectos práticos, como o suor, então procurei um caminho alternativo. Quando trabalho com uniformes escolares, lido com parâmetros mais restritos, o que ajuda a dar um outro foco para o projeto, mas ainda assim é estimulante.

2

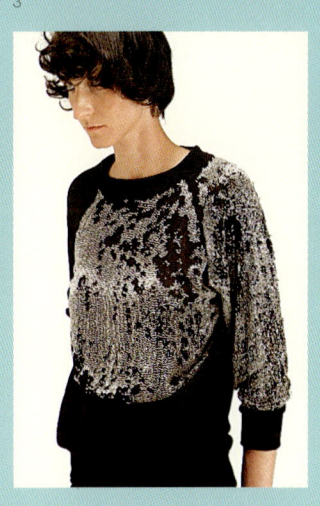

3 Collection 15, Reissue, foi desenvolvida a partir das padronagens favoritas do arquivo de Shelley Fox. Estampas de diário foram produzidas em uma paleta de cores variadas e camisetas foram misturadas com um tecido bordado com cacos de vidro. Outono/Inverno 2003. Fotografia por Wilson Kao.

Detalhes e guarnições

Sue Enticknap é diretora de projeto da Knit-1, especializada na venda de designs exclusivos para a indústria de moda no mundo inteiro.

Como é o seu dia a dia?
Hoje foi um dia bastante típico: em torno de oito horas. Verificar o andamento dos projetos do dia anterior. Desenvolvimento/esboço/processo de seleção das estampas de hoje. Verificar o andamento de todas as costuras. Começar a fazer um design de malha. Verificar e-mails. Atender ao telefone. Checar se o estúdio não está ficando sem tecidos/mídias de impressão/fios/café, etc. Fotografar qualquer design terminado. Discutir e agendar viagens. Manutenção de máquinas. Conferir o horário para visita do fornecedor indiano de bordados. Checar a visita do comprador da Topshop. Revisar os projetos em andamento a serem vendidos em Nova York nas próximas duas semanas.

Como você começa a abordagem do design? É com a malha ou com a construção?
Tenho estudado a moda e seu ciclo há mais de 30 anos. Se você observar com cuidado, pode prever as tendências facilmente, já que várias modas olham para trás. Eu começo desenvolvendo uma ideia sobre a técnica ou a silhueta. Considero meu trabalho como um processo contínuo – ele não "para e começa".

Trabalho na máquina de malharia e começo a transformar o tecido em uma peça de vestuário. Por nós só fazermos peças únicas, isso pode ser muito criativo e não tem de ser repetido: nenhum molde é feito. A peça será costurada; pode ser concluída na máquina de lavar, lavada à mão ou vaporizada. Então, é dado a ela um número de referência e ela é fotografada para os nossos registros.

Qual a importância da pesquisa no processo de design? De onde você tira sua inspiração?
A pesquisa é muito importante. A inspiração pode vir da moda, de tecidos antigos, da natureza, dos artistas, ou de algo completamente aleatório. Meu cérebro nunca se desliga de possíveis ideias, então pode ser qualquer coisa. Outro dia, fiz um design a partir de algo que vi na sala de espera do dentista e desenhei a ideia sobre o verso de um envelope.

Onde/ como você vende suas amostras de malha?
Nós vendemos em feiras na Europa, nos Estados Unidos e também visitando nossos clientes em seus escritórios em todo o mundo.

Fatores, tais como impacto do número de vendas, pesam sobre as suas decisões de design?
Se você não respeita as vendas, você não terá um negócio!

Você projeta com um consumidor específico em mente? Que tipo de cliente usa seus designs?
Sim, cada vez que faço/projeto algo, tenho um perfil de consumidor em mente. Se eu tivesse um projeto, mas não conseguisse pensar em quem iria vesti-lo, consideraria que o projeto teria falhado e ele não seria posto em nossa coleção. Nós vendemos para todos os níveis/idades/perfis do mercado, de bebês a avós e todos que estão entre eles.

Você trabalha com de acordo com um briefing?
Sim, especialmente em conexão com as estações. Não podemos vender projetos fora da estação. Além disso, tecido, cor, padronagem e silhueta são muito importantes.

Como você promove seus projetos?
Ao visitar os nossos clientes regularmente.

Quanto tempo você gasta na construção?
Cada projeto leva no máximo um dia do começo ao fim.

Qual é o seu aspecto favorito do trabalho?
Projetar no manequim.

E o menos favorito?
Burocracia do governo. Lidar com impostos, contabilidade, saúde e segurança, seguro...

Que conselho você daria aos aspirantes a designers de malharia?
Esta indústria é muito competitiva. Seja o melhor.

1

1	Design pointelle do Knit-1.
2	Design de tranças do Knit-1
3	Este tubo de malha é vestido na parte superior do corpo, tem uma série de buracos que podem ser utilizados como cavas ou decotes de acordo com o que o usuário deseja. Buracos que não são usados podem ser deixados fechados, deixando o drawthread incorporado na malha tecida. Fotografia por Azim Moose. Modelo Laura Higgs.

Caterina Radvan, designer de malhas e pesquisadora PhD no London College of Fashion.

A pesquisa de Caterina Radvan visa a identificar as necessidades das mulheres com necessidades especiais na moda e estabelecer critérios para a elaboração de um conjunto de protótipos de malhas, que irão subsidiar a formulação de uma coleção de malha com tecnologia avançada. A moda hoje é projetada tendo apenas pessoas não deficientes em mente, ou seja, as mulheres com deficiência não têm acesso à forma de vestir e os mesmos benefícios de vestuário e moda que as mulheres não deficientes desfrutam.

Seu método de desenvolvimento de projeto segue uma abordagem empírica à forma da roupa, com base na evasão da modelagem tradicional dos blocos. Formas geométricas básicas são usadas como ponto de partida, e em vez de usar as técnicas tradicionais de pences para resolver o problema de ajuste, foi decidido exagerar o problema adicionando-se tecido extra para que as dobras e as ondas de tecidos tornem-se a característica do design. A malha sem costura é incorporada ao princípio do design inclusivo.

Conclusão

1   Projeto arquitetônico de malha *Slow Furl*. Têxteis de malha foram utilizados como parte de uma exposição de arquitetura de Mette Ramsgard Thomsen e Karin Bech. Este têxtil de malha flexível foi levemente enrolado por estruturas robóticas escondidas atrás de uma parede.

O objetivo deste livro é oferecer inspiração e conhecimento sobre elementos diferentes do design de malharia e de apresentar você ao maior número possível de técnicas básicas da máquina. Espero que as técnicas de confecção de malhas tenham lhe inspirado a brincar com fios, escala e sequências diferentes. Lembre-se, apenas algumas técnicas precisam ser dominadas no início – uma técnica pode ser usada de várias maneiras.

As oportunidades para criar designs na indústria de malha são amplas e diversificadas. O designer pode seguir uma carreira dentro de uma grande empresa, ou como designer/ fabricante em um pequeno negócio, aproveitando o fator de customização da malha. Alguns designers trabalham para estúdios de amostra, criando conceitos de malha a serem vendidos para a indústria da moda e de design de interiores. Outros formados em malharia passam a trabalhar na previsão de tendências, styling e figurino. Aqueles com mais conhecimentos técnicos podem trabalhar como consultores em projetos colaborativos de têxteis para a medicina, geotêxteis e arquitetura. Recentemente, tem havido um interesse significativo na moda e no bem-estar. A pesquisadora Vikki Haffenden, por exemplo, aplicou a tecnologia em malha às formas do corpo das mulheres com sobrepeso; com o uso do corpo digitalizado em três dimensões e software especializado, ela desenvolveu malhas melhor adaptadas para as senhoras de tamanhos grandes (Knit to Fit). As oportunidades de carreira são extremamente variadas, então, não tenha pressa em considerar as formas nas quais você pode levar seu projeto de malhas quando terminar o seu curso.

Espera-se que o conteúdo deste livro o incentive a tornar-se mais curioso sobre os diferentes aspectos da malha e para iniciar as suas investigações. Lembre-se de aprender o básico primeiro e depois comece a experimentar. Espero que este livro lhe ajude a se sentir confiante ao fazer suas padronagens e aumente os seus interesses em malha e moda.

160 / 161

Glossário

Acetato
Fio semissintético feito a partir da polpa de celulose e do ácido acético.

Acrílico de retenção
Versão sintética da lã, desenvolvida pela DuPont nos anos 40.

Alavanca de retenção
Parte do mecanismo encontrado embaixo do carro de uma máquina de tecer; quando colocado em posição, determina o movimento da agulha e, por consequência, o efeito do ponto.

Algodão
Fibra da planta de algodão. Versátil e macia.

Alpaca
Pêlo macio e fino da cabra alpaca.

Alta-costura
Roupas exclusivas desenvolvidas para uma clientela privada.

Amostra
Primeira versão de uma tentativa de técnica e cor de design.

Amostra de design
Design pronto para a venda por um representante.

Amostra de tensão
Amostra de malha usada para calcular pontos e carreiras para o design final da malha.

Angorá
Pêlo penteado fino e leve do coelho angorá.

Apliques
Tecido, contas ou pontos costurados sobre o tecido/malha como decoração.

Aran
Malha texturizada que incorpora trança feita usando transportadores.

Assimétrica
Roupa que tem dois lados diferentes.

Aumentar
Método de aumento da largura da malha pela adição de novos pontos.

Bainha picot
Bainha com padronagem de renda com vazados.

Base de modelagem
Molde primário usado como ponto de partida para moldes de roupas.

Bordado
Pontos decorativos costurados sobre a malha para decoração.

Bouclé
Fio fantasia que contém laçadas.

Briefing
Conjunto de instruções dirigidas a um designer para delinear objetivos do projeto e os resultados finais.

Busto
Manequim de prova.

Caimento
Forma como o tecido cai sobre o corpo.

Carreira desenhada
Técnica de mudar a direção da malha antes do final da carreira.

Carreira parcial de malha
Ou técnica de segurar agulhas. Técnica em que se trabalha com uma parte da carreira por vez. Em uma série de carreiras, é possível diminuir o número de pontos e criar um efeito texturizado tridimensional ou blocos moldados de cor.

Carro
Parte principal da máquina de tecer, carrega as alavancas de retenção ao longo da frontura.

Cashmere
Pêlo fino e macio da cabra de cashmere; fio luxuoso.

Chainette
Fio fantasia que consiste em pontos com laçadas em cadeia e tubos de pontos.

Chenille
Fio fantasia com textura aveludada.

Coluna
Coluna de pontos de malha.

Computer Aided Design (CAD)
Desenho assistido por computador. Uso de computadores na moda e no design de malharia.

Conceitual
Visão do design baseada em ideias e princípios.

Cone
Suporte do fio.

Contagem de carreira
Número de passagens do carro, contatos pelo contador de carreiras da máquina.

Contagem do fio
Informação da grossura do fio em relação ao seu comprimento e peso. Existem vários sistemas de contagem: no sistema métrico, quanto mais fino o fio, mais alto o número, por exemplo, 2/32s é mais fino do que 2/28s.

Corda
Pequeno tubo de malha.

Corpo
Parte superior do corpo de uma peça.

Crepe
Fio ou tecido com textura plissada, frequentemente com elemento de elasticidade.

Diminuir
Método de diminuição da largura do tecido tecendo dois ou mais pontos juntos.

Dupla frontura
Máquinas de tecer com duas fronturas, portanto, duas carreiras de agulhas, uma de frente com a outra.

Escada
Técnica na qual os pontos são falhados e deixados desmanchar; pode ser feita acidentalmente ou por design.

Fair Isle
Malha de jersey simples com pequenas padronagens usando duas cores de uma vez; cria fios flutuantes no avesso do tecido.

Feltro
Tecido fino feito a partir da lã. As fibras são emaranhadas e fundidas durante o processo que envolve água e calor. Não há grão nesse tecido; é ideal para cortar, já que não se desmancha.

Fio de lã fiado
Fio macio, volumoso e leve, fiado a partir de fibras cardadas, mas não penteadas. Não precisa, necessariamente, conter lã.

Fio de lã penteada
Fio de lã macio fortemente fiado. As fibras são penteadas paralelamente, o que deixa o fio suave e forte.

Fio flutuante
Fios que passam pelas agulhas e não são tecidos.

Full fashion
Malha obtida da malharia retilínea por trama, que apresenta marca de modelagem em toda a urela.

Galga
Número de agulhas por polegada na frontura. O tecido resultante é tecido em certa galga, dependendo do tamanho da máquina. Também chamada finura ou calibre.

Ganchos de topo
Carreira de pinos ao longo da frente da frontura de agulhas.

Gimp
Fio fantasia com estrutura ondulada.

Gráfico
Padronagem de malha plotada em papel gráfico.

Grafting
Técnica de costura que cria uma união invicível.

Guernsey/ gansey
Blusão tradicional de pescadores.

High end
Roupas caras, porém não tanto quanto as de alta-costura, geralmente produzidas em quantidade limitada:

Indústria caseira
Roupas geralmente produzidas na casa do fabricante.

Inlay
Técnica de segurar um fio em um lugar entre ou sobre as agulhas e depois entrelaçá-lo ao tecer.

Intársia
Método de tecer simples, com motivos sem repetições ou grandes áreas de cor contrastante. Consome mais tempo do que o Fair Isle e o jacquard.

Jacquard
Malha de jersey dupla que usa cartão perfurado ou máquina eletrônica para criar a padronagem. Essa técnica permite que os fios flutuantes sejam tecidos no avesso.

Jersey duplo
Malha lisa, dupla e reversível, feita em máquina de dupla frontura. Ideal para casacos e roupas pesadas.

Jersey simples
Tecido leve feito na máquina de monofrontura, ideal para camisetas e lingerie.

Knop
Fio fantasia com pequenas protuberâncias ao longo de sua extensão.

Lã de cordeiro
Lã 100% virgem.

Linho
Fibra da planta de linho.

Lurex
Fio fantasia feito de metal laminado e plastificado.

Lycra
Fibra sintética e elástica, desenvolvida pela DuPont.

Malha bordada
Malha com aplique de contas, que podem ser tecidas junto com a peça, usando um método de entrelaçamento.

Malha de resíduos
Malha trabalhada com fios de sobra ou fragmentos; quando montando, proporciona uma área de malha para prender pesos, e pode agir como ponto de suporte para o ponto que precisa ser colocado de volta nas agulhas.

Malha entrelaçada
Envolve a colocação de um fio fino através de outro enquanto se tece. O fio fino é então tecido com a malha, dando uma aparência entrelaçada a um dos lados do trabalho.

Malha por trama
Consiste em uma sucessão de laçadas ao longo da largura da malha, em que uma carreira de laçadas se conecta com a próxima carreira formando um comprimento de malha.

Malha por urdume
Consiste em uma cadeia vertical de laçadas que se conectam umas às outras em toda a largura da malha. Ideal para roupas de verão, sportwear e lingerie.

Malha rendada
Malha de jersey simples com padronagens vazadas; feita com um carro de malha e técnicas à mão.

Meada
Quantidade de fio que não foi enrolada no cone.

Mercado
Negociação ou troca de um tipo especial de produto.

Mercado de massa da moda
Roupas prontas para usar produzidas em grandes quantidades em tamanhos padronizados.

Merino
Lã de alta qualidade da ovelha merino.

Glossário

Mescla/fio torcido
Fio feito a partir de dois ou mais fios torcidos juntos.

Mohair
Fio feito a partir do pelo da cabra angorá.

Molde de malha
Instruções para tecer uma peça. Indica quantos pontos e carreiras de malha fazer para cada seção da silhueta, assim como a galga, o fio e os tipos de ponto a utilizar.

Montar
Diferentes maneiras de iniciar pontos sobre agulhas vazias.

Nicho
Grupo especializado de produtos que visa uma área específica do mercado.

Nylon
Fio sintético de poliamida.

Ornamentação
Decoração de pontos ou apliques sobre o tecido/ malha.

Ourela
Bordas fechadas da malha.

Partes do molde
Modelos de papel usados para informar a silhueta de uma roupa; essas formas podem ser pontos de partida para moldes de malha (ver molde de malha).

Pence
Área moldada da malha, afunilada em uma das pontas ou em ambas para permitir uma melhor adaptação.

Plating
Tecelagem de dois fios simultaneamente; quando se tece um jersey simples, um fio fica visível do lado direito e um do avesso; quando se tece um jersey duplo, o segundo fio fica escondido no centro da malha e só é revelado quando os pontos são retirados de ação e é mostrado o seu interior.

Ponto
Laçada única do fio no interior da malha.

Ponto arroz
Técnica de pontos simples e reversos que se alternam vertical e horizontalmente.

Ponto retido
O fio é coletado e segurado em uma agulha sem ser tecido.

Ponto reverso
Carreiras alternadas de ponto de meia e ponto de malha.

Ponto trança
Cruzamento de grupos de pontos, repetidos em intervalos sobre a mesma corda coluna (rotação ornamental de colunas).

Previsão de tendências
Processo de previsão tendências futuras.

Público-alvo
Grupo de consumidores para o qual um varejista pretende vender.

Racking
Técnica utilizada quando se tece sobre duas fronturas; uma frontura de agulhas pode ser movida, para que não fique alinhada com a outra, cruzando os pontos uns sobre os outros em uma direção lateral.

Rayon
Fio de celulose regenerado feito a partir da polpa da madeira.

Remalhar
Usar o remalhador para reformar pontos falhados e pegar pontos flutuantes de uma escada.

Remate
Técnica de acabamento; retirar a malha da máquina (arrematar).

Renda
Tecido com áreas transparentes e opacas, que pode ser feito utilizando um carro para renda ou transportadores.

Representante
Pessoa autorizada a agir em seu nome para vender suas roupas.

Ribana
Colunas de pontos lisos e reversos formando um tecido elástico. Ideal para guarnições na cintura, no pescoço e nos pulsos das roupas.

Segurar pontos
Os pontos são segurados na agulha em posição de não trabalho, sobre uma série de cursos onde as agulhas estão tecendo.

Silhueta
Formato do contorno da forma de uma roupa ou coleção.

Toile
Primeira versão da roupa em um tecido barato.

Transferência do ponto
Mover uma laçada do ponto para próximo da agulha.

Vazado
Buraco formado pela transferência de ponto; deixar a agulha vazia em ação, assim ela monta na próxima carreira tecida (uma das técnicas básicas de renda).

Lendo símbolos básicos

Símbolos e gráficos são a maneira mais fácil de explicar as instruções de passo a passo para uma técnica de confecção de malhas. Gráficos simples para malharia com máquinas, normalmente são escritos para mostrar a face do avesso, como o tecelão a visualizaria pendurada para fora da máquina. Gráficos mais complexos podem ser escritos para serem lidos a partir da frente, e não terão os símbolos de avesso (reverso). Isso porque é necessário indicar a direção final dos pontos.

Um diagrama ilustrará a configuração da agulha e indicará quais pontos mover, em que direção movê-los e quantos pontos transferir em um movimento. Também irá indicar quantas carreiras tecer. Os símbolos mostrados aqui são de gráficos simples.

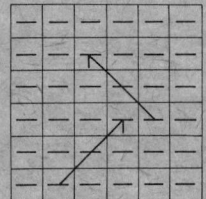

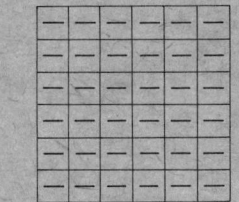

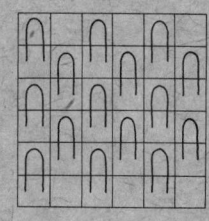

Ponto em relevo. Uma seta indica onde se levanta e se suspende um ponto. A base da seta indica o ponto a ser levantado e a ponta da seta mostra a agulha e a carreira na qual o ponto está sendo travado.

Avesso ou ponto inverso. Quando o trabalho está pendurado na máquina, esse é o lado que defronta o tecelão.

Ponto retido. Padronagem alternada produzida pela retenção alternada de agulhas. Esta padronagem pode ser tecida selecionando-se as alavancas de retenção do carro ou utilizando-se a posição de espera para acumular pontos retidos.

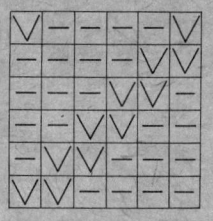

Ponto omitido. Mostra o lado avesso do tecido; pode ser formado pela seleção do ponto omitido sobre o carro ou formado manualmente.

Posição de espera. Este exemplo mostra as agulhas 2 e 4 sendo seguradas. Pontos retidos são formados sobre as carreiras 2, 3 e 4.

Posição de espera. As agulhas são seguradas para formar carreiras curtas. As agulhas em espera são gradualmente aumentadas em cada carreira.

Recursos úteis

Máquinas domésticas

Knitmaster

Máquinas Knitmaster já não são mais produzidas, mas é possível encontrar máquinas de segunda mão. São máquinas de monofrontura boas e básicas, que incluem um mecanismo de cartões perfurados e podem ser adaptadas para dupla frontura com a adição de uma frontura extra. Carros de renda, carros intársia e anexos de entrelaçamento também podem ser comprados separadamente para este tipo de máquina. Máquinas de galga fina são raras e, portanto, mais caras. Knitmasters de galga grossa, que têm cartões perfurados, são boas para iniciantes, mas sua produção de padronagem é limitada.

Silver Reed

Estas máquinas são do mesmo modelo da Knitmaster, mas oferecem uma seleção mais moderna de máquinas. Existem versões eletrônicas para os três tipos de galga, mas são caras e exigem um sistema de programação próprio. Versões com cartão perfurado em máquina de galga média ainda são produzidas. A marca Knitmaster de trocadores de cor é compatível com todas as máquinas Knitmaster e Silver Reed, mas a YC6 é a melhor, porque pode ser convertida de mono para dupla frontura. Algumas fronturas Knitmaster mais recentes são compatíveis com Silver Reed.

Brother

Outra marca popular de máquina de malharia doméstica (anteriormente chamada de Jones Brother). No Reino Unido, estão fora de linha. Diferem da Knitmaster nos mecanismos de padronagem, contudo, ambas são muito parecidas. Algumas das máquinas Brother mais antigas não têm carros de renda, e algumas das máquinas de galga grossa mais antigas não têm mecanismos de cartões perfurados, mas sua manipulação manual de tranças grossas ainda é boa. Se comprar uma máquina Brother eletrônica, os modelos 950 ou 950i em diante são os melhores; evite os modelos mais antigos (embora sejam mais baratos).
O modelo 950 já é antigo, mas ainda é bom de usar se você tiver uma fonte de folhas milimetradas para trabalhar. O modelo 950i tem um mecanismo de padronagens maior e a capacidade de baixar as padronagens de um computador com o pacote DesignaKnit. Os modelos 965 e 965i são similares às versões 950 e 950i, mas são mais recentes e têm um sistema de programação um pouco diferente. Todos os modelos precisam de guias especiais para baixar padronagens de um computador. Nem todas as fronturas da Brother são compatíveis com as máquinas eletrônicas. Trocadores de cor da Brother são compatíveis com todas as máquinas, e há dois trocadores de cor: um para monofrontura e outro para dupla frontura.

Passap

Esta é a mais conhecida marca de máquina doméstica de dupla frontura. São máquinas semelhantes a uma Dubied industrial, pois têm uma frontura dupla permanente. Também já estão fora de linha. Acessórios podem ser adicionados ao modelo básico para fazer uma versão mais avançada, ou versões avançadas podem ser compradas completas, com um trocador de quatro cores, uma unidade automática de cartão perfurado e o motor. Versões eletrônicas dos modelos E6000 e E8000 foram feitas a partir desta máquina, e os modelos mais recentes podem ser usados com o software DesignaKnit, com conexão especial por cabo.

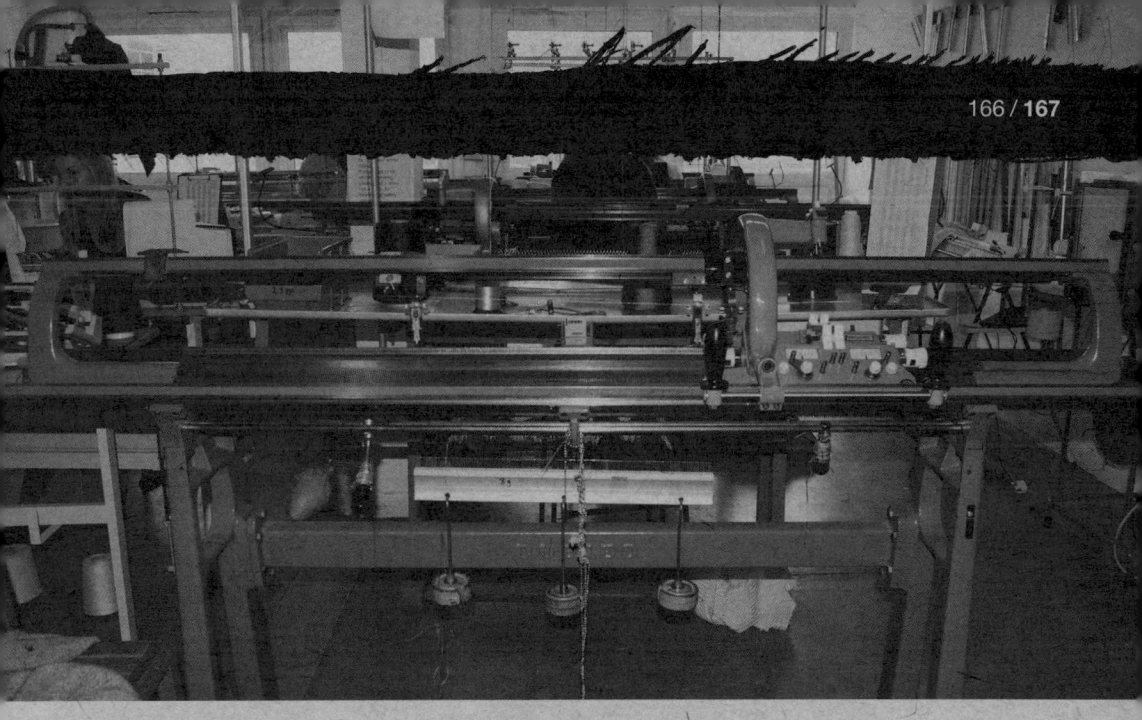

Titulação do fio

A titulação dos fios são sistemas que indicam a espessura e o peso relativo do fio. Esses sistemas podem ajudar a calcular o comprimento de fio necessário. Um sistema tradicional usa dois números, tais como 2/6s (pronuncia-se dois seis). O primeiro valor refere-se a quantos fios singelos/cabos compõem o fio. O segundo indica o peso de cada fio. Na maioria dos sistemas tradicionais, ele se refere ao número de meadas para uma libra de fio. Quanto maior o número de meadas para uma libra, mais fino o fio será, provavelmente.

A fim de trabalhar com o comprimento e peso dos fios necessários, você primeiro precisa saber o comprimento padrão de fios em meada. Isso varia, dependendo do tipo de fio. Para o algodão, o comprimento padrão é de 840 jardas (770 m). Para lã penteada é de 560 jardas (512 m).

Se, por exemplo, você quisesse usar um fio de lã penteada com 560 jardas por meada, que é o rotulado 2/6s, você primeiro multiplicaria 560 pelo número de meadas (6) e dividiria pelo número de cabos (2). Lã penteada com dois cabos teria 1.680 jardas (1.537 m) em uma libra de peso. Fios em cones tendem a ser vendidos em múltiplos de 500g (cerca de uma libra); saber o comprimento do fio no cone pode dar uma indicação da espessura do fio.

O sistema métrico usa o mesmo comprimento de meada de 1.000 metros para todas as fibras e considera o número de meadas para um quilo de peso.

Outros sistemas incluem o sistema Denier, usado para fios de filamentos sintéticos e sistema internacional Tex, os quais são baseados em unidades de peso por grama.

Uma boa fonte para aprender sobre a titulação do fio: http://www.offtree.co.uk/converter/index.html

Recursos úteis

Sociedades, galerias e museus

British Fashion Council (RU)
www.britishfashioncouncil.com

Brooklyn Museum (EUA)
www.brooklynmuseum.org

Costume Gallery (EUA)
www.costumegallery.com

Costume Institute (EUA)
www.metmuseum.org

Costume Society (RU)
www.costumesociety.org.uk

Council of Fashion Designers of America (EUA)
www.cfda.com

Crafts Council (RU)
www.craftscouncil.org.uk

Fashion and Textiles Museum (RU)
www.ftmlondon.org

Fashion Awareness Direct (RU)
www.fad.org.uk

Fashion Museum (RU)
www.museumofcostume.co.uk

Galleria del Costume (Itália)
www.polomuseale.firenze.it

Kobe Fashion Museum (Japão)
www.fashionmuseum.or.jp

Momu (Bélgica)
www.momu.be

Musée de la Mode et du Costume de la Ville de Paris (França)
www.lesartsdecoratifs.fr

Musèe des Arts de la mode (França)
www.lesartsdecoratifs.fr

Museum at the Fashion Institute of Technology (EUA)
www.fitnyc.edu

Museum Salvatore Ferragamo (Itália)
www.salvatoreferragamo.it

Prince's Trust (RU)
www.princes-trust.org.uk

Register of Apparel and Textile Designers (RU)
www.yourcreativefuture.org.uk

Textile Institute (RU)
www.texi.org

V&A Museum (RU)
www.vam.ac.uk

The Worshipful Company of Framework Knitters (RU)
www.agja63.dial.pipex.com

Sites	Publicações e revistas	Designers
www.catwalking.com	10	Alexander McQueeen
www.craftcentral.org.uk	Another Magazine	Bora Aksu
www.dazeddigital.com	Arena Homme	Christopher Kane
www.designsponge.blogspot.com	Bloom	Clare Tough
www.ecca-london.org	Collezioni	Cooperative Designs
www.edelkoort.com	Dazed and Confused	Craig Lawrence
www.fashioncapital.co.uk	Drapers Record	Derek Lawlor
www.fashion-enter.com	ID	Hannah Buswell
www.fashion-era.com	International Textiles	Hannah Taylor
www.fashionoffice.org	Marmalade	Issey Miyake
www.gfw.org.uk	Numero Magazine	Johan Ku
www.hintmag.com	Oyster	Juliana Sissons
www.knitkicks.co.uk	Pop	Julien McDonald
www.londonfashionweek.co.uk	Selvedge	Mark Fast
www.loopknitting.com	Tank	Martin Margiela
www.marquise.de	Textile View	Pandora Bahrami
www.premierevision.fr	View on Colour	Phoebe English
www.promostyl.com	Viewpoint	Pringle of Scotland
www.style.com	Visionaire	Rodarte
www.taitandstyle.co.uk		Sandra Backlund
www.wgsn.com		Shao-Yen Chen
		Shelley Fox
		Sid Bryan
		Simone Shailes
		Sonia Rykiel
		Victor and Rolf
		Vivienne Westwood

Recursos úteis

Lojas e fornecedores

Copley Marshall and Co Ltd
(Fios)
Tunbridge Mills
Quay Street
Huddersfield
HD1 6QX
(Sem site)

The English Couture Company
(Entretelas e barbatanas)
18 The Green
High Street
Syston
Leicestershire
LE7 1HQ
www.englishcouture.co.uk

Fairfield Yarns
(Fios)
9 Lea Mount Drive
Fairfield
Bury
Lancashire
BL9 7RR
www.fairfieldyarns.co.uk

Geoffrey E Macpherson Ltd
(Linhas para bordado, podem ser usadas para tecer)
Unit 8 the Midway
Lenton
Nottingham
NG7 2TS
(Sem site)

George Weil Fibrecrafts
(Fibras, fios e corantes) Old Portsmouth Road
Peasmarsh
Guildford
Surrey
GU3 1LZ
www.fibrecrafts.com

The Handweavers' Studio and Gallery
(Fibras, fios e equipamentos)
140 Seven Sisters Road
Londres
N7 7NS
www.handweavers.co.uk

Jamieson & Smith (Shetland Wool Brokers) Ltd
(Fios de Shetland e fibras)
90 North Road
Lerwick
Ilhas Shetland
ZE1 0PQ
www.shetlandwoolbrokers.co.uk

John Andrews & Co.
(Fios de linho)
The Stables
51 Old Ballygowan Road
Comber
Newtownards Co Down
BT23 5NP
www.andrewslinen.co.uk

The Lurex Company
(Fios metálicos)
1 Harewood Row
Londres
NW1 6SE
www.lurex.com

Scientific Wire Company
(Arames finos para malharia e tecelagem)
18 Raven Road
South Woodford
Londres
E18 1HW
www.scientificwire.com

Texere Yarns
(Fios)
College Mill
Barkerend Road
Bradford
BD1 4AU
www.texere-yarns.co.uk

Todd and Duncan
(Fios de cashmere)
Lochleven Mills
Kinross
KY13 8DH
www.todd-duncan.com

Tortex Engineering
(Máquinas de malharia e acessórios)
Unit 8 Martlets Way
Goring-by-Sea
Worthing
BN12 4HF

Uppingham Yarns
(Fios)
30 North Street East
Uppingham
Rutland
LE15 9QL
www.wools.co.uk

Whaleys (Bradford) Ltd
(Tecidos, entretelas e acessórios)
Harris Court
Bradford
BD7 4EQ
www.whaleys-bradford.ltd.uk

Wingham Wool Work
(Fibras, fios e corantes)
70 Main Street
Wentworth
Rotherham S62 7TN
www.winghamwoolwork.co.uk

The Yarn Store
(Fios)
17 Market Place
Oakham
Rutland
LE15 6DT
www.theyarnstore.co.uk

Yeoman Yarns
(Fios)
36 Churchill Way
Fleckney
Leicestershire
LE8 8UD
www.yeoman-yarns.co.uk

170 / 171

Bibliografia

Adanur S (1995)
Wellington Sears handbook of industrial textiles
Technomic Pub.

Aldrich W (2004)
Metric pattern cutting
Blackwell

Allen J (1985)
The machine knitting book
Dorling Kindersley

Black S (2002)
Knitwear in fashion
Thames & Hudson

Brackenbury T (1992)
Knitted clothing technology
Blackwell Scientific Publications

Collier A M (1980)
A handbook of textiles
Wheaton

Compton R (1983)
The complete book of traditional knitting
Batsford

Compton R (1986)
The complete book of traditional Guernsey and Jersey knitting

Cooper J (2004)
Textured knits: quick and easy step-by-step projects
Guild of Master Craftsman

Davis J (1982)
Machine knitting to suit your mood
Pelham

Duberg A and van der Tol R (2008)
Draping: art and craftsmanship in fashion design
De Jonge Hond

Faust R (1980)
Fashion knit course outline for hand-knitting machines
Regine Studio

Foster L G (1922)
Constructive and decorative stitchery
Educational Needlecraft Association

Foster V (2006)
Knitting handbook
Grange

Graham P (1988)
The Hamlyn basic guide to machine knitting
Hamlyn

Gschwandtner S (2007)
Knitknit: profiles + projects from knitting's new wave
Stewart, Tabori & Chang

Guagliumi S (1990)
Machine knitting: hand tooling techniques
Batsford

Haffenden V (1997)
Double bed machine knitting explained
University of Brighton

Hartley K M (1982)
Topics and questions in textiles
Heinemann Educational

Holbourne D (1979)
The book of machine knitting
Batsford

Hollingworth S (1982)
The complete book of traditional Aran knitting
Batsford

Kiewe Heinz E (1971)
The sacred history of knitting
Art Needlework Industries

McGregor S (1981)
The complete book of traditional Fair Isle knitting
Batsford

Mountford D (2000)
The harmony guide to Aran and Fair Isle knitting
Collins & Brown

Musk D (1989)
Machine knitting: the technique of slipstitch
Batsford

Musk D (1992)
Machine knitting: technique of pattern card design
Batsford

Nabney J (1991)
Designing garments on the knitting machine
Batsford

Rutt R (1987)
A history of hand knitting
Batsford

Shaeffer C B (1993)
Couture sewing techniques
Taunton

Sharp S (1986)
Textured patterns for machine knitting
Batsford

Spencer D J (1989)
Knitting technology
Pergamon

Stanley H (1983)
Modelling and flat cutting for fashion
Hutchinson

Tellier-Loumagne F (2005)
The art of knitting: inspirational stitches, textures and surfaces
Thames & Hudson

172 / 173

Índice

A-poc 36–7
acetato 20, 162
acrílico 20, 162
aglomerados de laçadas 87
agulhas 27-9, *32*, 33, 71, 96–7, 102–4
    com dois orifícios 76
    com pé 96-7
    de gancho 152
algodão 19, 162
amarrando 89
amostas 40, 46–50, 61, 115, 162
    cor 50
    embelezamento148, 150, *151*
    tensão 66–9, 120, 164
amostras de design *ver* amostras
amostras de malha *ver* amostras
angorá 18, 162
aplique 148–9, 162
apresentação 60–3
arremate 70, 72, 162
aumentando 110–13, 163
autoavaliação 60, 63
avaliação do trabalho 60–3
avanços tecnológicos 36–7

bainhas 136-9, 163
    com pesos 136
    picot 137, 163
    recortadas em curvas 138
bases de modelagem 115, 121–3, 145, 162
Bech, Karin 160, *161*
bolsos 139
bordado 148, 150–1, 162
bordas 136–9
bordas com babados 106–7
botões, costura 143
bouclé 22, *23*, 162
briefing 39, 40–1, 162
Broadbent, Karli 40, *41*
busto forrado 116
bustos *ver* manequins

cabeçalhos/folhas 61
cadernos de esboços 42, *42–3*, 54, 63
    ver também desenhos
cálculo das carreiras 124–6, 129, 164
cardagem 17
Carpenter, Ruth *49*, 50, *51*, 84, *85*
carro da máquina 29, 162
cartões perfurados *32*, 33, 80–4, 86, 92, 94–6
casas de botão 140–3
cashmere 18, 162
chenille 22, *23*, 162
conceitos 44–5, 162
confecção automática sem o pente
    de montagem (confecção final) 71

confecção final de barra (método manual) 70, 71
construção da malha 26–35, 64–129
    ver também pontos
Cooperative Designs *38*, 39
cor 50–3, 92–3, 99
corantes ácidos 24
corantes vegetais 24
corpo 115, 118, *119*, 121-3, 162
    da frente 122
    das costas 122
costuras 145
crepe 22, *23*, 162
criação de volume 58

Dalby, Jennifer *16–19*
decote V 124–5, 133
desenhos 42–3, 54, 61, 63, 94, 120
desenvolvimento do projeto 36–7, 46–9, 56–7, 61
Design Assistido por Computador (CAD) 96, 162
designs aleatórios 89
detalhes 130–59
diminuindo 110–13, 126, 162
Dyer, Amy 46, *47*, 96–7, 126, 127

efeitos de rufo 135
efeitos tridimensionais 102–5
    ver também forma escultural; textura
embelezamento 40, 148–53, 162
Enticknap, Sue 158–9
Evans, Cathrin *42–3*, 94

Fair Isle 14, 50, 84, 92–3, *93*, 162
Faulke, Lucy 50, *51*, 56–7, 62, 63
fazendo o molde 46–8, *47*, 49, 114–16, 120–9, 135, 145, 162–3
feiras 36, *37*, *52–3*
feltragem 156, 162
ferramentas 32–5, 88, 110, 152, 163
fiação 17, *18–19*
fibras 16-25, 53, 88, 162-4
    de filamentos 16
    descontínuas 16-17
    regeneradas 20
    sintéticas 16, 20
Fierro-Castro, Zuzanna *136*, 150, *151*
finura do ponto 29
fio de lã penteada 18, 164
fios 16-25, *23*, 53, 88, 162-4
    artificiais 16, 20-3
    de lã fiados 22, *23*, 164
    de pelo 18
    fiados à mão 17, *18–19*
    mescla 22, *23*, 163
    naturais 16, 18-19

fixações 140–3
folhas milimetradas *33*, 80–3, 94, 96
forma escultural 54–9
formas rodadas 106–9
Fox, Shelley 44, *44–5*, *106*, 156–7
franjados 87, 138
frontura da máquina 28
full fashion 110–12, *111*, *113*, 163

galga das máquinas 29, 163
ganseys 12, 163
godês 106–7, *108–9*
gola 132–5
    careca, 133
    drapeada 117
    em pé 134
    inteira 134
    plana 134
    polo 133
    tipo faixa 132-3
gráficos 162, 165
grafting 147, 163
guarnição com laçadas 138, 142
guarnições 130–59
guernseys 12, 163

habilidades manuais 9, 11
Hill, Victoria *20–1*, 58–9, 104–5, 132–3

Indústria artesanal 14, 162
inlay *ver* ponto entrelaçado
inspiração 42, *42–3*, 46, 157–8
intársia 92, *98*, 99, 163

jerseys 12

lã 18, 88, 162–4
lã\merino 18, 163
laçadas de roletê 142
Lawlor, Derek 54, 55
Lee, Reverend William 11
levantando pontos 88, *89*, 165
linho 19, 163
linkers 145
listras 40, 74–5
Lurex 20, 22, *23*, 163

malha Aran 13, 162
malha de resíduos 146–7, 164
malha francesa *26*, 27
malha jacquard 92–3, 163
malha parcial 102–5, 112, *113*, 117, 136, 163
malharia por trama 26, 164
malharia por urdume 26, 164
malhas tradicionais 10–15
Maloney, Hollie *138*, *139*
manequins 54, 56, 58, 114–19, 164

mangas 122, 126
máquinas de costura 145
máquinas de malharia, 26, 27-37, 65-6, 73-5, 162, 165-6
    bainhas/ bordas 136-7
    Brother 30, 31, 166
    de dupla frontura 28, 29-30, 137, 162
    de monofrontura 28, 137
    eletrônicas 30-1, 96
    ferramentas 32-5, 88, 110, 163
    fios para 17,22
    industriais 31, 96-7
    invenção de 11
    Knitmaster 28, 29, 166
    malha parcial 102-4
    operadas manualmente 31
    posição das agulhas 71
    Passao 166
    Shima Seiki 31, 36-7, 97
    Silver Reed 166
    sistemas de padronagem 96-7
Mastin, Tirzah 80, 81
McInnes, Malcolm 154-5
McQueen, Alexander 6, 13, 22, 39, 44, 45, 92, 93
meadas 24, 163
medidas para os moldes 121
meias argilé 15
mistura de fios 22
Miyake, Issey 36, 36
modelagem 54, 56, 58, 114-19, 162, 164
    da cava 188, 119, 126-8
    do decote 117-19, 122, 124-6
    do ombro 126
modelando 64-99
mohair 18, 22, 23, 163
moldando 54-9, 100-29, 162, 164
molde de malha ver fazendo o molde
molde plano de corte 114-15
moldes de mangas 122, 126, 128-9
montagem 70-1, 162

Nicholls, Sarah 48, 49
nylon 20, 163

oportunidades de carreira 154-9, 160
Osborne, Natalie 24, 102, 106-7, 124-5

padronagem de carreira desenhada 103, 164
padronagens em relevo 104
padronagens repetidas 94
painéis de inspiração 40, 46, 50
painéis de saia 108
passar 145
pences 112, 113, 162
pesos para máquinas 34-5
pesponto 146
pesquisa 39, 42-6, 157-8
pesquisa de fontes primárias 43
pesquisa de mercado 43
Pitti Filati fair 36, 37, 52
pontos 13, 73, 76, 162-5
    cálculo 120, 124-6, 129
    construção 27, 48, 65, 80, 82-91
    de guarnecer 147
    embelezamento 146-7, 150-2, 152 ver também construção da malha
    entrelaçados 80, 86, 163
    falhados 73
    invisíveis 146
    omitidos 80, 84-5, 87, 165
    retidos 80, 82-3, 164, 165
    reversos 163, 165
    trança 13, 90, 91, 162, 165
previsão de moda 53, 162
programa DesignaKnit 96
programas CAD/CAM 96, 162

qualidade do tecido 48, 54, 56, 80

Radvan, Caterina 159
rayon 20, 164
recursos horizontais 112, 140
recursos verticais 112, 140-1
reformando pontos 73
remalhadores 32, 33, 163
remate 70, 72, 162
renda 15, 64, 65, 76-9, 163
retorção de fios 17
ribana 120, 126, 127, 133, 136-7, 164

ribanas falsas 136-7
Robins, Freddie 155

Scopes, Annabel 60-1, 69, 144, 145
seda 16, 18
seletor de configurações do ponto 74-5
símbolos 165
Sissons, Juliana 58, 78, 102, 103, 110-12, 111, 113, 117, 135
sistema de contagem do fio 164, 167
Slow Furl (Thomsen and Bech) 160, 161
suportes do ponto 35

Taylor, Hannah 14, 98-9
técnica de escada 78-9, 117, 163, 165
técnica de plating 84, 85, 97, 163
técnicas de acabamento à mão 144-7
técnicas de espera 102-4, 112, 113, 163
temas 40, 44-5
temas narrativos 44
tensão 28, 66-9, 74-5, 120, 164
textura 40; 48, 49, 64-99
textura da superfície 65, 80-91
    ver também textura
The Perfect (Robins) 155
Thomsen, Mette Ramsgard 160, 161
tingimento de fios 24
tingimento em espaços 24
toile 115-17, 164
torção de fios 22, 23, 163
transferência de ponto 76, 164
transportadores 32, 33, 88, 110

uniões diagonais 102-3

vaporizando 145
vazados 76, 77, 110, 162
visão histórica 9-15
Voytal, Elinor 130, 131

Wanless, Dulcie 108, 109, 134, 135, 144
Westwood, Vivienne 7, 15
Wooding, Laura 8, 9

índice

Agradecimentos e créditos das imagens

Agradecimentos

Gostaria de agradecer a todos que me apoiaram durante este projeto, em especial a todos os designers talentosos e aos alunos que se formaram na Universidade de Brighton, no Northbrook College Sussex, London College of Fashion e Royal College of Art. Suas contribuições fantásticas em design e trabalho de portfólio fizeram deste livro o que ele é.

Obrigada também a Janet Tong, que ajudou no início da minha pesquisa, e a Caterina Radvan por sua ajuda e apoio. Gostaria de agradecer especialmente a Vikki Haffenden e Toni Hicks, da Universidade de Brighton, por seus conselhos maravilhosos e apoio contínuo do começo ao fim. Obrigada também a Mark Hawdon e Sarah Elwick por toda sua ajuda. Um enorme agradecimento a Tom Embleton e Jude Woodward do Northbrook College Sussex por sua generosa ajuda e apoio.

Um agradecimento especial também aos meus queridos amigos, Elizabeth Owen e Gina Ferri, da Cosprop Ltd, em Londres, que incansavelmente ajudaram na fonte histórica de vestuários de malha, quando eu estava pesquisando sobre estilos de malha e acabamentos. Obrigada a Shelley Fox, por aturar meus pedidos sem fim por imagens, obrigada a Janet Sischgrund, da Alexander McQueen, pelo fornecimento de algumas belas imagens e obrigada a Jojo Ma por me apresentar a alguns designers muito talentosos.

Claro, muitíssimo obrigada a Sifer Design e todos na AVA, especialmente à minha editora Rachel Netherwood, por sua habilidade incrível em se manter paciente sob estresse e mania (sem mais das minhas caixas enormes de papel e cds ocupando o seu escritório!). Obrigada por uma grande curva de aprendizagem.

Finalmente, agradeço ao meu filho, Tom Sissons, pela digitação de grandes quantidades de trabalho e à minha mãe, pai e amigos por ouvirem o interminável bate-papo sobre o livro. Posso retomar a minha vida social agora!

Créditos das imagens

P. 3 imagem cortesia de Johan Ku; p. 6 cortesia de Alexander McQueen; p. 8 cortesia de Laura Wooding; p. 12 (1) cortesia do Shetland Museum and Archives; p. 12 (2) cortesia de Annie Shaw; p. 13 cortesia de Alexander McQueen; p. 14 cortesia de Jojo Ma; p. 14 (2) cortesia do Shetland Museum and Archives; p. 14 (3) cortesia de Catwalking.com; p. 22 cortesia de Alexander McQueen; p. 25 cortesia de Jojo Ma; p. 38 cortesia de Cooperative Designs; p. 44 cortesia de Shelley Fox, fotografia de Lon Van Keulen; p. 45 (2) cortesia de Alexander McQueen; p. 45 (3) cortesia de Shelley Fox, fotografia de Chris Moore; p. 54 cortesia de Sophie Brown; p. 55 cortesia de Derek Lawlor www.dereklawlor.com; p. 58 cortesia de Mitchell Sams; p. 64 cortesia de Katie Laura White; p. 77 cortesia de Catwalking.com; p. 79 cortesia de Catwalking.com; p. 81 cortesia de Tirzah Mastin; p. 86 cortesia de Catwalking.com; pp. 88–9 cortesia de Justin Smith; p. 90 cortesia de Catwalking.com; p. 91 cortesia de Johan Ku; p. 93 cortesia de Alexander McQueen; pp. 98–9 cortesia de Jojo Ma; p. 100 cortesia de Butcher Couture, www.butchercouture.com, fotografia de Victor Bergen Henegouwen; p. 106 cortesia de Shelley Fox, fotografia de Chris Moore; p. 109 cortesia de Dulcie Wanless; p. 111 cortesia de David Wilsdon; p. 130 cortesia de Elinor Voytal; p. 132 cortesia de Catwalking.com; p. 133 cortesia de Victoria Hill; p. 134 cortesia de Dulcie Wanless; p. 135 cortesia de Jojo Ma; p. 136 cortesia de Zuzanna Fierro-Castro; p. 139 (3) cortesia de Hollie Maloney; p. 139 (4) cortesia de Catwalking.com; p. 140 cortesia de Simone Shailes; p. 143 cortesia de Jojo Ma; p. 144 cortesia de Dulcie Wanless; pp. 148–9 cortesia de Amy Phipps; p. 151 cortesia de Zuzanna Fierro-Castro; p. 152 ilustrações baseadas nas originais, por Alison Hawkins; p. 155 cortesia de Freddie Robins, fotografia de Ben Coode-Adams; pp. 154–5 cortesia de Shelley Fox, fotografia de Chris Moore (1–2), fotografia de Wilson Kao (3); p. 158 cortesia de Knit-1; p. 159 fotografia de Moose Azim; p. 161 cortesia de Mette Thomsen; p. 171 cortesia de Elinor Voytal; p. 173 cortesia de Hannah Daglish; pp. 16–21, 23–4, 26, 32–6, 42–3, 47–51, 56–7, 59–62, 66–7, 69, 74–5, 78, 83, 85, 94–7, 102–3, 105, 107, 113, 117, 120–1, 125, 137, 145, 150 e 153 por Andrew Perris Photography; pp. 27, 70, 71, 72, 73, 82, 84, 86, 87, 103, 104, 108, 111, 122, 123, 126, 128, 129, 135, 137 (5), 138, 142, 146, 147, 148–9, 151, 152 ilustrações de Penny Brown.

FUNDAMENTOS DE DESIGN DE MODA

Trabalhando com ética

Lynne Elvins
Naomi Goulder

Nota da editora

O tema "ética" não é novo, mas a reflexão sobre ele dentro das artes visuais aplicadas talvez não esteja tão presente quanto deveria. Nosso objetivo é ajudar uma nova geração de estudantes, educadores e profissionais a encontrar uma metodologia para estruturar as suas ideias e reflexões nessa área tão importante.

A editora espera que este anexo, Trabalhando com ética, atue como uma plataforma para a reflexão e como um método flexível para a incorporação de questões éticas no trabalho de educadores, estudantes e profissionais. Nossa abordagem consiste em quatro etapas:

A **introdução** tem por objetivo ser uma visão geral acessível da ética, em termos tanto de desenvolvimento histórico quanto de temas mais discutidos atualmente.

A **estrutura** distribui a reflexão ética em quatro áreas e levanta questões sobre implicações práticas que podem ocorrer. Marcando as suas respostas a essas questões na escala apresentada, você poderá explorar as suas reações mais profundamente por meio de comparação.

O **estudo de caso** expõe um projeto real e levanta algumas questões éticas para uma maior reflexão. Esse é um ponto de foco para o debate, e não para a análise crítica, portanto, não há respostas predeterminadas, certas ou erradas.

As **leituras complementares** trazem uma seleção de livros para você se aprofundar nas áreas de maior interesse.

Ética: consciência/ reflexão/ debate

Introdução

A ética é um tema complexo que entrelaça a ideia de responsabilidade junto à sociedade e um grande leque de reflexões relevantes sobre o caráter e a felicidade do indivíduo. Ela engloba virtudes como compaixão, lealdade e força, mas também confiança, imaginação, humor e otimismo. Conforme introduzido na filosofia grega antiga, a questão ética fundamental é o que eu deveria fazer? O modo como devemos perseguir uma vida "boa", de bondade, não levanta apenas questões morais sobre os efeitos de nossas ações sobre os outros, mas também questões pessoais sobre a nossa própria integridade.

No mundo contemporâneo, as questões mais importantes e controversas em ética têm sido as de cunho moral. Com o crescimento das populações e os avanços na mobilidade e na comunicação, não surpreende que as reflexões sobre como estruturar nossas vidas, todos juntos no planeta, tenham emergido ao primeiro plano. Para artistas visuais e comunicadores, não deve ser surpresa que essas considerações entrem no processo criativo.

Algumas questões éticas já estão consagradas nas leis e regulamentações governamentais ou em códigos de conduta profissional. Por exemplo, plágio e violação de confidencialidade podem ser ofensas sujeitas a punição. A legislação de várias nações torna ilegal a exclusão de pessoas com deficiência do acesso à informação e aos espaços. O comércio de marfim como material foi banido em muitos países. Nesses casos, uma linha sob o inaceitável foi claramente traçada.

A maioria das questões éticas permanece aberta ao debate, igualmente entre especialistas e leigos, e, no final, precisamos fazer as nossas próprias escolhas com base em nossos próprios princípios ou valores. É mais ético trabalhar para uma empresa comercial ou beneficente? É antiético criar algo que os outros achem feio ou ofensivo?

Questões específicas como essas podem levantar outras questões mais abstratas. Por exemplo, é importante apenas o que afeta os seres humanos (e sobre as coisas com as quais se importam), ou o que afeta o mundo natural também merece atenção?

A promoção dos fins éticos é justificada mesmo quando os meios exigem alguns sacrifícios éticos? Deve haver apenas uma teoria unificadora para a ética (como o utilitarismo, que prega o curso de ação correto como aquele que sempre conduz para a maior felicidade do maior número de indivíduos possível), ou deve haver sempre vários valores éticos diferentes que puxam as pessoas em diversas direções?

À medida que entramos no debate ético e nos comprometemos com esses dilemas em nível pessoal e profissional, podemos mudar nossos pontos de vista ou nossa visão sobre os outros. O verdadeiro teste, entretanto, é se, conforme refletimos sobre esses temas, mudamos nossa maneira de agir e de pensar. Sócrates, o "pai" da filosofia, propôs que as pessoas são naturalmente "boas" quando e se sabem o que é certo. Mas essa afirmação só nos leva a outra questão: *como sabemos o que é certo?*

Trabalhando com ética

Você
Quais são as suas crenças éticas?

A sua atitude em relação às pessoas e aos problemas ao seu redor é central para tudo o que você faz. Para algumas pessoas, a ética pessoal é uma parte importante das decisões que tomam no dia a dia como consumidores, eleitores ou profissionais. Outros podem pensar pouco sobre a ética e, ainda assim, não ser antiéticos por esse motivo. Crenças pessoais, estilo de vida, política, nacionalidade, religião, sexo, classe, educação, tudo isso pode influenciar o seu ponto de vista ético.

Usando uma escala de 1 a 10, onde você se posicionaria? O que você leva em conta ao tomar decisões? Compare os seus resultados com os de amigos ou colegas.

O seu cliente
Quais são os seus termos?

As relações de trabalho são cruciais para o emprego da ética em um projeto, e a sua conduta no dia a dia demonstra a sua ética profissional. A decisão de maior impacto é, primeiramente, com quem você escolhe trabalhar. Empresas que fabricam cigarros ou comercializam armas são exemplos frequentemente citados quando se discute sobre onde deveria ser traçada uma linha, mas raramente as situações reais são tão extremas. Até que ponto você pode rejeitar um projeto por questões éticas e em que medida a realidade de ter que ganhar dinheiro para sobreviver afeta a sua capacidade de escolha?

Usando a escala de 1 a 10, onde você posicionaria um projeto? Como isso se compara com o seu nível de ética pessoal?

01 02 03 04 05 06 07 08 09 10

01 02 03 04 05 06 07 08 09 10

As suas especificações
Quais são os impactos dos seus materiais?

Recentemente, temos visto que muitos materiais naturais estão cada vez mais escassos; ao mesmo tempo, estamos mais conscientes de que alguns materiais feitos pelo homem podem ter efeitos nocivos a longo prazo sobre as pessoas ou o planeta. O que você sabe sobre os materiais que utiliza?
Você sabe de onde eles vêm, o quanto viajam e sob quais condições são obtidos? Quando a sua criação não for mais necessária, ela será de reciclagem fácil e segura? Ela desaparecerá sem deixar rastros? Essas considerações são de sua responsabilidade, ou estão fora do seu alcance?

Usando a escala de 1 a 10, marque o quanto suas escolhas de materiais são éticas.

A sua criação
Qual é o objetivo do seu trabalho?

Entre você, seus colegas e o briefing, qual é o objetivo da sua criação? Qual será o propósito dela na sociedade? Ela fará uma contribuição positiva? O seu trabalho deve ter outros resultados além do sucesso comercial ou dos prêmios da indústria? A sua criação pode ajudar a salvar vidas, a educar, a proteger ou a inspirar? Forma e função são dois aspectos básicos do julgamento de uma criação, mas há pouco consenso sobre as obrigações dos artistas visuais e dos comunicadores para com a sociedade, ou sobre o papel que podem ter na resolução de problemas sociais e ambientais. Se você quer ser reconhecido como criador, qual é a sua responsabilidade pelo que cria e onde essa responsabilidade deve acabar?

Usando a escala de 1 a 10, marque o quanto o propósito do seu trabalho é ético.

01 02 03 04 05 06 07 08 09 10

01 02 03 04 05 06 07 08 09 10

Trabalhando com ética

Estudo de caso | Capas de plumas

Um dos aspectos do design de moda que levanta um dilema ético é a forma como a produção de roupas mudou em termos de velocidade de entrega dos produtos e da atual cadeia de fornecimento internacional. A chamada *fast fashion* (do inglês, "moda rápida") oferece aos consumidores os últimos modelos semanas depois de terem aparecido nas passarelas, a preços que significam que a roupa será usada uma ou duas vezes e então descartada. Devido aos custos mais baixos de mão de obra nos países pobres, a esmagadora maioria das roupas vestidas no Ocidente são produzidas na Ásia, África, América do Sul ou Leste Europeu em condições de trabalho potencialmente hostis e às vezes desumanas. É comum que a mesma peça de roupa seja composta por componentes de cinco ou mais países, às vezes percorrendo milhares de quilômetros até chegar às grandes lojas. Qual é o grau de responsabilidade do designer de moda nessa situação, se a confecção é controlada pelo varejo e a demanda é impulsionada pelos consumidores? Mesmo que os designers desejassem minimizar o impacto social da moda, qual é a coisa mais útil que poderiam fazer?

As tradicionais capas de plumas havaianas (chamadas de *'Ahu'ula*) eram feitas com milhares de penas de pássaros pequenos e eram uma insígnia real da aristocracia. Inicialmente, eram vermelhas (*'Ahu'ula* significa, literalmente, "roupa vermelha"), mas, por serem especialmente raras, as plumas amarelas passaram a ser mais valorizadas e foram introduzidas na padronagem.

O significado das padronagens, assim como sua idade e local de fabricação original, é desconhecido, apesar do grande interesse em sua procedência nos últimos tempos.

Em 1778, o explorador inglês Capitão James Cook visitou o Havaí, e as capas de plumas estavam entre os itens que ele levou de volta para a Grã-Bretanha.

Acredita-se que as padronagens básicas refletem deuses ou espíritos ancestrais, conexões familiares e a posição social de um indivíduo. A base dessas peças é uma rede de fibras, e sua superfície é composta por penachos amarrados à rede em fileiras sobrepostas. As plumas vermelhas vinham do *'i'iwi* ou do *'apapane*. As plumas amarelas vinham de um pássaro negro com tufos amarelos debaixo de cada asa, chamado *'oo'oo*, ou de um *mamo*, que tinha penas amarelas acima e abaixo da cauda.

Eram usadas milhares de plumas para produzir uma única capa para um chefe indígena (dizem que a capa de plumas do Rei Kamehameha, o Grande, foi feita com penas de cerca de 80 mil pássaros). Apenas os chefes mais altos na hierarquia possuíam os recursos para adquirir as penas para uma capa longa, e a maioria dos chefes vestiam capas mais curtas, até a altura dos cotovelos.

A demanda por essas plumas se tornou tão grande que elas ganharam valor comercial e passaram a ser um emprego em tempo integral para caçadores de plumas profissionais. Esses passarinheiros estudavam os pássaros e os capturavam com redes ou passando visgo nos galhos. Como o *'i'iwi* e o *'apapane* eram cobertos de plumas vermelhas, os pássaros eram mortos e depenados. Outros pássaros eram capturados quando a época de muda começava e as plumas amarelas estavam soltas, de modo que podiam ser removidas sem que fossem machucados.

A família real do Havaí finalmente abandonou a capa de plumas como insígnia de status em favor de uniformes militares e navais decorados com tranças e ouro. O *'oo'oo* e o *mamo* foram extintos devido à destruição das florestas onde se alimentavam e às doenças de pássaros importados. Ouro e prata substituíram as plumas vermelhas e amarelas como moeda de troca, e a produção de capas de plumas tornou-se uma arte esquecida.

É mais ético criar roupas para as massas do que para uns poucos indivíduos de alta classe social?

É antiético matar animais para produzir roupas?

Você desenharia e produziria uma capa de plumas?

A moda é uma forma de feiura tão intolerável que precisamos trocá-la a cada seis meses.

Oscar Wilde

Leitura Complementar

AIGA
Design business and ethics
2007, AIGA

Eaton, Marcia Muelder
Aesthetics and the good life
1989, Associated University Press

Ellison, David
*Ethics and aesthetics in European modernist literature:
from the sublime to the uncanny*
2001, Cambridge University Press

Fenner, David E W (Ed)
*Ethics and the arts:
an anthology*
1995, Garland Reference Library of Social Science

Gini, Al and Marcoux, Alexi M
Case studies in business ethics
2005, Prentice Hall

McDonough, William and Braungart, Michael
*Cradle to cradle:
remaking the way we make things*
2002, North Point Press

Papanek, Victor
*Design for the real world:
making to measure*
1972, Thames and Hudson

United Nations Global Compact
The ten principles
www.unglobalcompact.org/AboutTheGC/TheTenPrinciples/index.html